〔改訂版〕

翻弄される赤穂の浪士たち

彷徨《さまよ》える日本史

源田京一

幻冬舎MC

〔改訂版〕

翻弄される赤穂の浪士たち

彷徨《さまよ》える日本史

はじめに

最近、文系学問に対する風向きがきつい。文科省から各国立大学の文系学科の募集定員数を削減するような指針があった。文科省はその反響の大きさに驚き、関係者は慌てて内容を修正することに追われた。文科省としては、文系学部の研究効率化を指摘したつもりであったが、波紋は予想を超えて広がった。筆者は環境にも恵まれて、今も大学で日本史を受講している。この文科省の指摘に不満はあったが、然し、この指摘にも一理ありやと言う印象は持った。一見だけすれば理系学問に比べて文系学問は具体的に、明日の日本の社会に如何に貢献出来るかと言う物差しで、発言したものと見る。この文科省の指摘は多くの国民に誤解を招きかねない結果となった。なれど、この文系学問と理系学問はことあるたびに対比されやすい案件であるが、此のテーマは、二者択一の関係でもなく、対比して語ることに馴染むことではない。そのような優劣の議論自体が学問の本質を曲げる愚かな行為である。

残念であるが、そうであるにも拘《かかわ》らずこのような表現が、有形無形に人心を支配してしまうのは、単なる偏識によるものだけであろうか。文系学問は自ら意見を発信する人と同じ立場に立ち、相手の意見を尊重して聴くという、奥深い感性を醸成させる学問であると解釈している。

一般的には大学受験の時以外にこんなことを、具体的に考えたことはない。合格しやすい科目を選び、得意、不得意でその科目を選んだに過ぎない。筆者は管見《かんけん》ではあるがこんな見方をしていた。文系学問の最大の特徴は一〇〇人よれば一〇〇通りの見方と意思があり、それぞれの意見と立場は、互いに尊重されることである。「真理はひとつにあらず」という距離感のある思考をとる。

他方、理系の学問は「真理はひとつであり、如何なる証明にも堪えられる解である」という考え方をする。そこで現代に於いては、更に次の要素を区別の基準に新たに加えても良いと思う。従来、文系学問の代表的な分野の学問として、文学、法律、政治、経済などがあるが、これらが「今の時代のスピード感に対応出来る学問かどうか」を区別するひとつのファクターとするべきではないかと思う。今、教育現場にも「ＩＴ」「ＡＩ」の波は押し寄せている。そこで使用されている学習ツールも急激に進化している。教育や研究の過程でその学問の成果や進捗状況を求められたときに、説明や対応が期待に応えられないものであると、文系理系に関わりなく、情報として価値が低くなり、特に日常に必要な分野の学問として評価され難くなる。この現象を取って付けた言葉や精神論で擁護することは出来るが、それは事実を直視することを避けているにすぎない。結論、決裁の緩い学問は不要とまでは言わなくても、今でなくても良い知識であるという若年層の尺度があり、知識者からの発言というだけでは説得力を持たない時代になっている。他方で理系の学生に対しては即戦力として、大学院生レベルの専門知識と研究能力を求めているが、文系学生に対して大学院生の肩書を即戦力として評価する職場は多くはない。文系学問でも社会の変化とスピードに対して決裁ができるようになれば、時代に対応出来るフレキシブルな人材を企業は期待する。その現象はほとんどが世の中のスピードに合わせて、正しく、且つ、速い決裁の出来る思考に偏重していくが、その偏重すら、人口知能（ＡＩ）が人間に替わり、より良い判断をしながら、スピーディーに修正を加え、解答を揃えて事に対応するようになってくる。その見立てからすると、文学、歴史学あたりは学問の性質上、目的が違っている。スピードよりも、大局的な熟慮、俯瞰的考察などの出来る人材の育成を目的とする為に、人間力の形成にはなくてはならない学問であるが、急いで結果を期待するという今の時代の要請には馴染まない。所謂《いわゆる》、理系といわれる学問は熟慮もするが、世界中の人々を相手に競争する舞台で、与えられた課題について、適時に対応出来るスピードを求められ、「走りながら考え、考えながら走る」と言うような一面を持つ学問である。その意味では文系学問はそこまでの緊張はあまり求められていない。例えば、卑弥呼《ひみこ》についてみれば、有史以来二〇〇〇年のテーマに対して畿内説と九州北部説と論議を重ねており、互いの正当性について喧々諤々《けんけんがくがく》とされている。その過程で新しい関連条件のヒントとなる解釈などはそれでよいと思うが、往々にして、期限、決裁を迫られない研究は結果的に歴史道楽的のものに成りがちである。ご当人はそうでもないだろうが、その場で、暫し立ち止まり、思案をする時間さえも時流のスピードとは合致しない。この過程を一般の初学、好学者にもわかるように「見える可」状態にしないと、とても関心は持たれない。

歴史学の研究とはどんなものであるか。研究論文とレポートの違いはその中身に於いて大差がある。論文と言えば、多くは、卒業論文あたりを想像するであろう。凡そ「研究論文」という名の付く論文は、現在その分野で認識されている以上の見識をもとにして書いた筋論であり、検証に基づくものでないと評価は低い。それは歴史学というものに限らず、全ての分野の研究論文に対する当然の扱いである。ここで筆者は日本史学に拘《こだわ》ってみたい。歴史研究に値する対象は「既に確認されている古文書、又は歴史的文献に対する新しい解釈」について述べた内容の論文であること。そして今ひとつは全く新しい古文書、又は発掘による新しい研究成果の論文をいう。つまり、その論文執筆者のオリジナリティが求められ、それを欠くと評価は得られない。それは論文とは言われず、レポートとして評価されることになる。これについて専門家による定見であれば、更に詳細多義にわたるであろうが、今回はこの程度の認識でご容赦頂きたい。然し、歴史学で言えば、新しい古文書の発見や、発掘は軽々に出会うようなものではないこと、これも又、事実である。

古文書とは文字通り、古い文書のことであろう。ここでは古文書の概念を狭義に捉えたい。古文書の定義はきちんと決められている。古文書とは特定の対象へ意思を伝える為に作成された近世（江戸時代）以前の文書をいう。明治時代以降には学校教育制度が実施された為、共通の文字、言語が指導され始めたから、古文書と言う概念がない。他方、特定の相手に向けて書いた物でない文書、例えば、日記や書物などは古記録と呼ばれて、古文書と区別されるが、学習現場ではほとんど大差なく取り扱われている。ところでこの古文書は大抵《たいてい》、くずし字で書かれているものが多いから、難解なものが多い。公文書は楷書で書かれているから読めないこともないが、地下《じげ》文書（多くは土着の人々の使う文字）で書かれた手紙、日記は手強い。そこで筆者はこの難解文書を人口知能に解読させ、広く一般にも理解させた方が、歴史学が身近なものとして思われ、若年層の参加も期待できるのではないかと、密かに期待をしている。現在の歴史学会ではかなりの学者でも完全解読を出来る人は少ないと言われている。今、国内では約三〇〇〇〇本弱の古文書が確認されている。そのうち、解読、翻刻されている古文書は二八〇〇本あたりが公認されている（絵画、絵図、掛け軸などはこれに含まれない）。漠とした話であるから、多少の誤差はあろうが、中野三敏九州大学名誉教授の講演会にもそのようにあった。何れにしても、古文書在庫の内のおよそ一割あたりしか古文書として、日本歴史学に貢献できていないと言うことは外れていない事実である。古文書在庫の残る手付かずの九割を、人口知能に解読させて歴史学の向上に資するべきもの。これが実現すれば、今までの歴史解釈が一変するかもしれない。小学生、中学生が古文書を読み、信長、秀吉、家康を解説してもよいではないか。それは大変に痛快な話であり大いに期待する。

既にそのような教材も考案されていると聞く。現行学者も新しい古文書が発見、解読されなければ、実証第一主義に基づく論文が、いつまでたっても上梓出来ないであろう。ここは胸襟を開いて先行実施されることを望みたい。このような考えに対して、学者の仕事は古文書の解読ばかりではない。現在進行の取り組み案件が山ほどあるといった激しい反論が当然予想される。この意見は正論である。尊重されるべき意見であるが、さりとて九割の古文書を残し、一割の文献で、日本史を語り、指導をしているという事実に対しての説得には全くならない。専門学者だけが知れば良いという領域から脱しなければ、やはり、オタク学問に近いポジションになるであろう。ドイツの宰相ビスマルクが有名な格言を残している。「愚者は経験に学び、賢者は歴史に学ぶ」と、そしてさらに同じくドイツ人の哲学者カール・マルクスは「歴史は二度繰り返す、最初は悲劇、二度目は喜劇として」と教えている。歴史学は、皆の手元に置いて、誰もが学ぶものとして期待したい。

前述したが、手付かずの文書が大量に蔵書のままであることは、それはそれで問題であろうが、それよりも既に解読、翻刻された一割の文献に対しても「自由な研究」という美句に守られて、それですら専門家の意見が幾多に分かれる。一〇〇人寄れば一〇〇通りの見方があり、それが文系学問の良きところとするのはわかるが、専門家が同じ文献古文書を見て、然る後にその意見が通説と違《たが》えるならば、例えば仮称ではあるが日本歴史学研究会などというような学術団体があって、その本質は自由闊達な集団ではあるが、自制も含めて自他共に認める学識者達あたりが公認し、新説が公認されるまでは、それまでの定説以外は公認されない意見としたものであることを公表すべきではないか。そのような仕組みは既に存在しているであろうが、問題はそんな当然の仕組みをどれだけの国民が認識しているだろうか。私の近い学者から、学会で三割の支持が得られれば、「新説」として評価されるという説明を受けたが、そんなことは誰も知らない。それに対して特許はどうであろう。小学生が特許をとっても値打ちが有れば公共の電波で全国に流されることもある。「お宝鑑定団」や「歴女ブーム」だけでは権威に欠ける。「某大学の某教授の説が新たに公認されまして、以後は新説の公認がされるまではこれを定説とします」。こんな扱いが国民に認知されるような学問的位置づけにならないと、誰がどこでどんな研究をしており、どんな成果があったのかわからない。「見える化」ならぬ「見える可」状態にすべきではないかと思う。モノクロテレビがカラーになったことは誰もが知っている。やがて自動運転車の走る姿を皆が見るし、リニアモーターカーが走る事に未来を夢見る。それに比べて日本史の教科書の内容が変更されても、受験生以外は誰も知らない。聖徳太子が出ても消えても、大衆は全く関心もないということでは寂しくないかと心配する。やたらな歴史本が出る。古文書も参考にしていないような歴史家のものも並ぶ。異説の見解を著者に問い合わせても回答はない。確かに文系学問は一〇〇人寄れば、一〇〇通りで自由な学問である。歴史学も現在、公認されるべき案件、事項については学会で公然毅然として基準を設け検索をさせ、大衆に見えるように公表すべきである。

本書では日本の歴史学上大変に著名な事件である「赤穂事件」を題材にとり、ひとつしか確認されていない「梶川《かじかわ》與惣兵衛《よそべえ》頼照《よりてる》」の古文書について、一〇〇〇通りの解釈がされていると言われている事例を紹介し、読者の皆さんにご意見を求めながら、書き並べてみたいと思う。ひとつの古文書が三〇〇年にわたり、事実とは程遠い知識として、今なお継続しているのも日本史であり、僅かな文献の解釈を中心に語られている不合理さを理解して頂けることの一助になれば幸いに思う。

目次

第一章　「赤穂事件」とは何だ

「赤穂事件《あこうじけん》」とは播州《ばんしゅう》、赤穂藩《あこうはん》（現在の赤穂市）の藩主、浅野内匠頭長矩《あさのたくみのかみながのり》が、江戸城の殿中、大廊下《おおろうか》に於いて、高家筆頭《こうけひっとう》の吉良上野介義央《きらこうづけのすけよしなか》に対して「遺恨之有り《いこんこれあ》」と言い放《はな》ち、突然、背後から斬《き》り付けた。この結果、浅野内匠頭は、即日、切腹《せっぷく》、赤穂藩はお家断絶《いえだんぜつ》取り潰《つぶ》しとなる。

時《とき》は、元禄《げんろく》十四（一七〇一）年三月十四日、五代将軍徳川綱吉《とくがわつなよし》の時代に起こった江戸城内での刃傷事件《にんじょうじけん》であるが、乱世の時代を経て、民衆が望んだ泰平《たいへい》の世が訪《おとず》れ、安堵《あんど》の空気が流れんとした、人呼んで爛熟《らんじゅく》、元禄泰平《げんろくたいへい》の御代《みよ》、徳川幕藩体制《とくがわばくはんたいせい》が軌道《きどう》に乗りつつある時代の、天下を揺《ゆ》るがす一大事件である。幕府も大江戸《おおえど》八百八町《はっぴゃくはちちょう》の町民も、驚《おどろ》きと好奇心《こうきしん》で大騒《おおさわ》ぎとなった。

これが、簡明に捉《とら》えた書き様であるが、歴史的には正しい入り方であると思う。敢えて平たく説明しているが、それ以上の文脈で語る本は沢山ある。それは、その本の執筆者の見解が入っているからであり、当然でもある。

そこで読者の皆さんは、ここで展開する解釈に予断を持たず、検証的な視点でこの本と筆者に立場を合わせて、同じ位置に立ちながら、検証されることを望みたい。だから、ここから、話の中身が少し、面倒くさいものになることを承知のうえで、引き続き読んで頂きたい。

まず、ご認識頂きたい呼称がある。先にタイトル名として上げた「赤穂事件」という呼び名であるが、これは学術的な呼称であって深い意味はない。これについては、多くの呼び方があり、紛らわしいところから統一したようなところがある。

世間一般では、「赤穂浪士《あこうろうし》」「赤穂義士《あこうぎし》」「忠臣蔵《ちゅうしんぐら》」とか言われることが多く、こちらの方が読者には馴染み深いものではなかろうか。この呼び名が付いた諸本でも、いざ読んでみると、事件全体を語る物もあれば、ある特定の人物や事件だけを扱っている本もある。社会現象としてみたり、悲恋ものとして語られたり、扱い方は様々である。そして、学術本となると、その学者の論点について自説を述べるため、比較的細部に拘《こだわ》った内容となっている場合が多いが、それが普通である。

時代小説やドラマでは大衆を如何《いか》に呼び込むかを考えていることから、タイトルも変わりやすい。「義士《ぎし》」とは、広辞苑《こうじえん》に見ると、「①節度《せつど》をかたく守る人物《じんぶつ》。義人《ぎじん》。②特に、赤穂義士《あこうぎし》をさす」とある。また「忠臣《ちゅうしん》」とは「忠義《ちゅうぎ》の臣《しん》」、「蔵《くら》」とは「大事な物をおく土蔵」とある。すなわち、忠義深い家来が沢山いるところといったような意味であるが、赤穂藩城代家老の大石内蔵助良雄《おおいしくらのすけよしお》の吉良邸討ち入りを褒めそやし、内蔵助の一字を題名に入れたという俗説もある。これには異論もあろうが、概ねはこれでよい。その後、この赤穂事件を題材にした芝居、歌舞伎、浄瑠璃は数多く世に出されている。この事件の直後、江戸の中村座で、日本三大仇討ち劇のひとつである、「曾我《そが》兄弟《きょうだい》」という芝居が上演されたが、幕府の御膝元では、三日で上演を禁止された。それから九年目（一七一〇）に近松門左衛門の作品を脚本として浄瑠璃「碁盤太平記《ごばんたいへいき》」、「仮名手本忠臣蔵《かなでほんちゅうしんぐら》」が、大阪《おおさか》竹本座《たけもとざ》に於いて上演され、四十七年目（一七四八）の寛延《かんえん》元年にそれらの業界の集大成ともいわれる、竹田出雲の作品の歌舞伎「仮名手本忠臣蔵」が大阪竹本座で上演され、拍手喝采を浴びた。上方で人気を博したのは、赤穂藩が上方の名藩であるという馴染みもあるが、その芝居の中身が見ようによっては、ご政道の批難に当たるのではという懸念もあって、幕府の御膝元の江戸では、上演しづらいところもあったのであろうことは

「曾我兄弟」の上演が三日で禁止になった前例をみればそれは充分に予測される。

おわかり頂きたいのは広辞苑に「義士」の意味の中に「赤穂義士をさす」とあるところである。それだけ「赤穂話が国民化している」ということの事実検証のひとつであることを知っておいてほしい。広辞苑の書き様が全てということではないが、辞書というものの役割上、その時代の背景や事象を理解する為に必要な言葉は、一般的に網羅されているといってよい。

みんなで語れば、それはそれで楽しい事件にも映っているということである。この仮名手本忠臣蔵の芝居は何度も演じられ、延々と今日まで三〇〇年の間に演者によって色々な手直しがなされ新解釈が横行し、どれが本物かわからなくなった。ついには、どれも本物でよいではないかという国民的コンセンサスを得てしまったようなところがある。「仮名手本」というのは寺子屋教本のことで、往時の赤穂の忠臣たちは武士の鑑であり、忠孝の見本という儒学教本の意味になったらしい。

この「赤穂事件」を検証することが出来る第一級史料は「梶川与惣兵衛日記《かじかわよそべえにっき》」と「多門伝八郎覚書《おかどでんぱちろうおぼえがき》」の二冊しかないとして、それが学会の定説とされている。これが現在の識者の共通の認識であると思う。であるにも拘《かかわ》らず、この「赤穂事件」に関する書本、評論の類は併せてみれば一〇〇〇本を優に超えるという、おびただしい程の数である。

　これは「赤穂事件」が起きてから、長い間、学術的に一向に方向が定まらず、今日に至ることにある。野口武彦《のぐちたけひこ》氏の説（『忠臣蔵—赤穂事件・史実の肉声』ちくま新書・一九九四年、十二頁）によれば「おびただしい史料の一点一点は、すべて同一の方向を指示してはいない」とあり、研究の困難さを嘆いている。これは、誰でもありの全員参加状態であったということでもあるが、歴史学特有のしがらみであるところの、過去にタイムスリップして、歴史上の人物に会い、直接事実の確認をしたり、歴史を再現することは出来ないという、不可避な一面はある。発見された史料から往時を推量しなければならない為、典拠の検証に限界があると言うことに尽きるであろう。先行学者諸兄に誠に礼を欠く物言いではあるが、この「赤穂事件」は、学問としての方向付けに時間をかけ過ぎたのではないかと思う。本来、日本人的義士を深く理解していただく為に赤穂事件と福本日南《ふくもとにちなん》（西日本新聞元社主、衆議院議員明治四〇年当選〔福岡〕中央義士会《ちゅうおうぎしかい》創設者）の関わりとその著書「元禄快挙録《げんろくかいきょろく》」を紹介すべきところであるが、今ここでは紙面の不足を理由にして敢えて触れない。

　これは一〇〇人寄れば、一〇〇通りの解釈が許されるという、文系学問の自由が為せる悪しき一面でないか。この緩い扱いが、素人の自由なる参加を認めるとともに、他方で歴史専門家しか扱えないという、プロのフィールドともいえる職場の温存にもなっているのではないかと危惧を抱いている。

ここまでが赤穂事件の大趣旨と流れであるが、その流れに対して先学者たちが多数の道筋を残され、筆を重ねてこられた。だが、最近になり、往時の江戸城の殿中造作の見取り図が「大棟梁甲良家《おおとうりょうこうらけ》」から発見され、先学者たちの幾多の論説に修正を求める可能性が出てきた。その検証の結果次第では、修正ではなく、全く新しい流れが出来るやもしれない。それについては第二章で解説をしよう。

近世時代の歴史研究に関する古文書は比較的多いと聞くが、それでも未解決案件は沢山ある。筆者はこれを批難しているわけではない。多忙な研究と調査を継続するだけでも大変なことと思うし、僭越《せんえつ》ながら同情したいところもある。中世以前の研究は、古文書の数も少なく難解であろうが、近世の歴史研究のように史料数が多ければ、それはそれで、学者諸氏の仕事量が増えることになる。筆者は歴史を正しく語り合うためにここで読者と基本的な共通認識を持つべきだと思う。それでは学校でよく言われた「近世」とは、一体どのあたりのどんな時代を指して言うのか、アウトラインだけでも、共有していないといけない。日本史の中で近世とは（西洋は西洋史、中国は中国史の中で当然にある学史上の仕分け方であり、近世という時代はそこにもある）室町時代の終わり、つまり、織田信長の時代から明治時代の前（徳川幕末）までの期間（一五六八～一八六七）の三〇〇年間を日本史に於ける近世と捉えている学者が多数のように思っているが、この課題を共通認識と言うことは実はかなり難しい。それは、この仕分け方が学識上の目的によって尺度が異なることがよくある。一般的には、時の政権の移動で区切りを付け、仕分けられることが多いが、文学的な研究の為にみたり、経済的な研究で評価をみるときには、その分野で使用出来るように合理的な仕分け方をする。

　信長は安土城を築き、自ら天守閣に室を拵《こしら》えて、その下《もと》に天皇を配置する考えであったと伝えられている。余談ではあるが、信長が若《も》しその時、天皇の上位に座していたのなら、日本の歴史の形が大きく変わっていた。明智光秀による本能寺暗殺事件も、大きな歴史の流れから見れば、日本国家と国民の自浄作用であったかもしれない。歴史学に「若《も》し、ならば」は禁句であるがつい想像してしまう。

　この近世という時代の概念は、概ね三説ある。しかし、異説も多いことを知っていた方が良いくらい定説が欠けている。近世とは、織田信長の時代から豊臣秀吉の時代を区別し、これを「織豊時代《しょくほうじだい》」として明確に区別する考え方が強くある。そのあとは徳川家康の開いた、本格的統一政権である江戸の徳川政権に至る。学問的には近世江戸学として、別扱いとする場合が多い。わかりやすく整理すると、室町幕府は征夷大将軍の足利政権であり、織田信長は征夷大将軍の宣下を拒否して、織田幕府というものを設営しなかった。豊臣秀吉は太閤と呼ばれ摂政、関白という地位を得た為政者であったが、朝廷の代行的意味合いも色濃くあって、幕府という概念を持てなかったし、完全な統一政権の概念としても少し外れているという拘りの説がある。何れにしても、今回は近世江戸学の一部として赤穂事件を捉えているので、これ以上の見識は特に必要のないものと見る。話を本題に移そう。

第一節　刃傷現場、松の廊下説は本当か

「赤穂事件」の刃傷事件のあったとされる場所について、二説ある。そのひとつは多数説とされる「松《まつ》の廊下《ろうか》説」で、そして残るひとつは少数説の「柳《やなぎ》の間《ま》説」である。

これらの二説はそれなりの根拠と典拠がある。これを基本文書として、ここに示し読

者の皆さんと共に検証していくことにする。まず、「松の廊下説」から進めよう。

江戸城の中は、まさに豪華絢爛であり、想像を超える広さと、複雑な迷路の様相である。この複雑な部屋の配置が、これまでの刃傷現場に対する解釈に、先学者の解釈をそれだけ多種多様なものにしている。管見《かんけん》であるが、細部にかかると途端に意見を微妙にして異説が散見される。

二〇一六年、NHK放送で「よみがえる江戸城」なるタイトルで、重大な見識、情報が流された。筆者にとっては大変な衝撃であった。その詳細は、後に詳しく検証するが、この情報が筆者の「赤穂事件」の刃傷現場に対する認識を大きく変えた。この作品の登場について先行識者はどんな反応をされているかは、文字通り浅学にして知らない。然し、筆者をして、今までの認識を一変させるに充分なものであった。少なくとも、浅野内匠頭の刃傷事件は「松の廊下」という定説は、再検証されるべきだという立場に立った。

先に紹介した、「梶川与惣兵衛日記《かじかわよそべえにっき》」のほかに同じ、梶川による自筆で「梶川氏日記《かじかわしにっき》」なる古文書が存在している。これは時を違えて、同一人の自筆で書かれているものであるが、内容は同質であると評価されている。ならば、梶川与惣兵衛は誰の要請で同じ物を二度書く必要があったのかということであるが、充分なる説明が出来ない。又、「梶川与惣兵衛日記」は事件の当日に書かれており、「梶川氏日記」は、後日に於いて、改めて書かれたという話も聞くがどうであろう。

この「梶川氏日記」は東京大学史料編纂所に蔵され（写本）、デジタル化されており容易に参照できた為、以後、この史料を参考に説明したい。デジタル表記は一八四七年丁未《ひのとひつじ》雑記二十三集註とある。もし、読者が筆者と同じ境地で認識されんとした場合、参考に出来るものであることが必要であって追加説明をするものである。

その「梶川氏日記」の古文書には「松の廊下」とは書かれていない。その古文書には「大廊下《おおろうか》」と書かれている。江戸城の殿中での認識は大廊下と言えば、最も格式の高い「松の廊下」を指すという認識で学術的には一致している。その認識が多くを占めており、多数説とされている。勢い、「柳の間説」は少数説的な存在となる。再度、確認するが、「梶川氏日記」には「松の廊下」とは記されてはいない。筆者はこの見方に馴染めない。

これらの認識を筆者は読者と共有して、考察していきたい。松の廊下説は朝廷からの勅使、院使を饗応する場合には、最も豪華絢爛で、格式の高い松の廊下を現していることを当然な解釈の帰結とする。この説は多いから、ひとまずこれでよい。次に紹介するが、少数説を唱えられているのは、大石慎三郎《おおいししんさぶろう》氏であるが、柳の間説の代表的な学者である。参考までに、大石氏は近世日本史の専門学者であるから著書を紹介しておこう。『将軍《しょうぐん》と側用人《そばようにん》の政治《せいじ》』（講談社現代新書、一九九五年）である。読者の参考知識となるように、殿中の「お約束」について少し載せよう。殿中で、諸国から参勤した大名達のその格付けと、詰間《つめのま》が決められている。まず禄高一〇万石以上を大大名、五万石以上を中大名、五万石以下を大名と称する。更に、親藩（御三家、御三卿）、譜代（徳川氏の祖先より臣従した家柄）、外様（関ヶ原の戦い以後徳川幕府に臣従したもの）と区別されて、明確な扱いの差が置かれていくことになる。以後、筆者の説明の中で度々見ることになるから、概要を理解して頂きたい。ここで、図説を持って説明する。本書の二九頁の図を確認しながら読者と考察する方が、筆者と同じ位置に立ちやすい。

これらの柳の間説は大石氏を代表とするが、少数説者という感覚をひとまず脇に置いて、気持ちに予断を持たず進めたい。

柳の間説を取られる学者諸氏の根拠は筆者の知る限りでは、主に次のような文献を採用されている。

「易水連袂録《えきすいれんぺいろく》」の出自

易水《えきすい》とは、中国の戦国時代に秦《しん》の始皇帝《しこうてい》と戦うために、皆で越えた川に由来を持つ名前のようで、勝ち目のない、生きて帰還できる当てのない戦に臨むについて、友と「袂《たもと》」を「連《つら》」ねて行動を共にした戦いの記録、といった意味である。

いわゆる義士、忠臣の姿を褒め称える語り口に過ぎない。このイメージが、「学徒出《がくとしゅつ》陣《じん》」の帰るつもりのない特攻精神そのものである。そこにあるはひとえに、玉砕するだけが目的の姿は、正に第二次世界大戦の戦いの姿とそのままに重なる。飛び行く我が子に手を振り送るのは、銃後《じゅうご》の婦人と高齢者だけである。大和民族の負けることを想定しない不沈艦精神《ふちんかんせいしん》は、ここら辺りにあるのと、更に古い「元寇《げんこう》」の襲来に耐えた神風神話に由来するのではないかと思う。

ここで少し横道に立ち寄ることを承知で、「学徒出陣」について説明を加える。昭和十八年（一九四三）、敗戦色濃いこの時、日本国の大本営は、まだ残される勝機を摑《つか》まんと、その時の「文系大学生」を対象にして、強制徴兵を実施した。対象学生は、往時、大日本帝国の支配下にあった台湾、韓国、満州国の日本人は当然ながら、日系二世、三世を中心に動員を命じた。参戦させられた学生の数は一〇万〜一五万と言われるが、政府の公式発表がないからわからない。この学徒動員の正当性については、意見が分かれるのではないかと思う。国家危機が迫るこの時点で、二重、三重の使い分けがされていたことに、疑問が残る。その一つに一般国民は、もれなく徴兵の対象とされたのに、学生は昭和十八年まで対象とされていない。そして敗戦の間近い、この時点で、文系学生だけを対象に「学徒出陣」の発令をしている。理系学生は、国内に留まり、研究と技術に専従したであろうことが想像されるが、本書の序説でも触れたが、今日に至っても、今なお、文系学部より理系学部が優先されるが如き文科省の発言に、読者は如何に感じられるであろう。一口に揚げ足を取って、文科省の意図を批難することは慎重にしたい。然し、この発言のどこに日本国の歴史に学ぶ姿勢と賢人としての先進国の知性があろうかと不安であり、得心致しかねよう。

さて、本論に戻る。この「易水連袂録」の執筆者は当時の御旗本とあるが名前は知らない。大石慎三郎氏はこの「易水連袂録」のどの記述を参考にされている筋論かを見ることにする。

まず第一に、この「易水連袂録」は、赤穂事件のあった後の二年後に最初に書かれた関係文書であるから、執筆者の生《なま》に近い同時代の感覚で書かれている為、信用性が高いとされている。赤穂浪士を称える文書は、憚《はばか》られたであろうご時世に応援歌が如き内容の書本を筆にするには、懸念があったはずである。その環境下で出版されてきたところに、真実味を感じられたのではないかと推量する。

第二に、浅野内匠頭の吉良上野介に対する刃傷行為は、柳の間の控室の近くにある医師溜の室（二九頁・図中⑬）あたりで実行されて、すぐに治療を施されたように解釈されているが、その位置まで、だれが梶川与惣兵衛と吉良上野介と対面会談するべく案内をしたのか。大廊下の角柱付近（図中❶）にいたはずの梶川与惣兵衛が、吉良の白書院付近の行動を確認するには、大廊下の距離（約四〇メートル）は長すぎよう（図中⑤の全長）。しかも廊下は白書院（図中⑧）の前で右折している。誰かが事件を梶川に連絡しないと、梶川には刃傷事件がどこであったのかわからない。更に、近くの「柳の間」（図中⑮）には三万石、五万石の諸大名が控えていたはずであり、また、吉良の側近高家衆も、二十人近く列居していたはずである。梶川到着までに、刃傷事件に対するそれなりの対応が出来たであろう。それとも周辺大名たちは、吉良の討たれるのを望み、期待していたものであろうか。饗応役の浅野や伊達が柳の間の室内に控えて、勅使衆を待つのも、当日の役柄として不適当ではないかと見る。仮に柳の間の室内にいたとするならば浅野は、梶川、吉良談義を如何にして確認し、吉良の背後に回ることが出来たのか説明できないのではないか。この見方をするには、もう少し材料が欲しい。

第三に、「松の廊下」（図中⑤）は徳川御三家の専用廊下とされていて、狩野派による襖絵（図中⑨）は殿中のなかでも、最高のものという。廊下の床も畳敷きで、御三家、御三卿とそれに続く超有力大名（加賀前田藩他）（図中⑩）以外は使用を許されないものとされている。しかし、勅使、院使が将軍との拝謁《はいえつ》をする時に、松の廊下の使用が許されたか否かは、史料に欠くため断定が出来ない。ここで大石氏の根拠（松の廊下は御三家専用の廊下であるという）が立証されれば、勅使、院使は柳の間の廊下を通ることになり、饗応役の浅野や伊達が柳の間の西側廊下（図中⑥）に座すこともあったかもしれないから、いっきに、「柳の間説」が浮上することになる。

「楽只堂年録《らくしどうねんろく》」の出自

「楽只堂年録」は将軍徳川綱吉の筆頭側用人《そばようにん》で、往時の老中よりも格上の位置に座した柳沢美濃守吉保《やなぎさわみののかみよしやす》の家記である。この古記録は、柳沢吉保とその世継ぎ、柳沢吉里《やなぎさわよしさと》の二代にわたる家系記録といったものであり、極めて簡潔に記されているが、信憑性は高い日

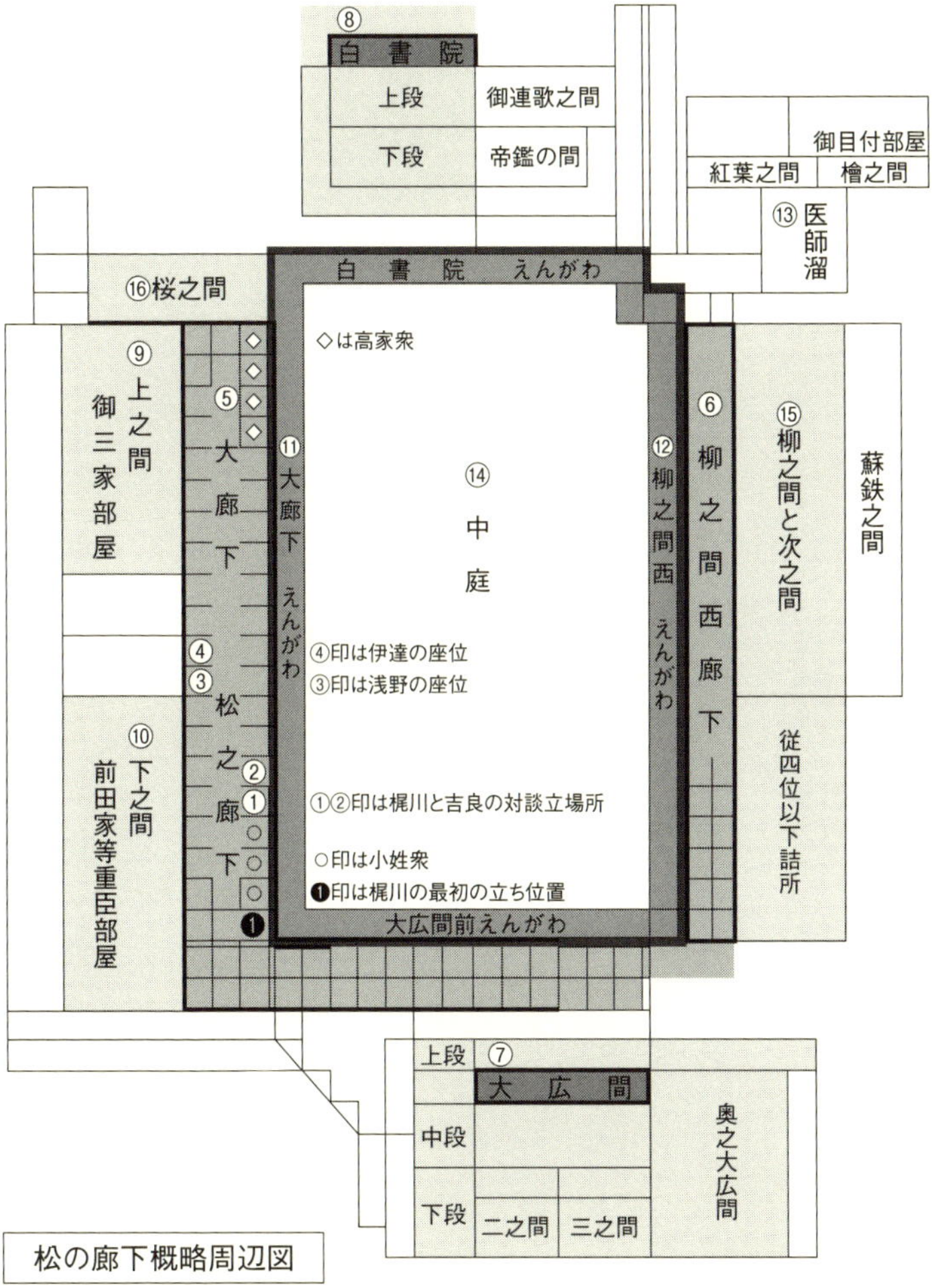

松の廊下概略周辺図

2017.4.24
（NHKのCGを参考に著者作図）

記という（「楽只堂年録」編集担当者）。大石慎三郎氏がこの「楽只堂年録」を判断材料にされたかは、その著作である『将軍と側用人の政治』には書かれていない。しかし、筆者はこの古記録には大いに関心がある。筆者はこの文書を高く評価したい。その理由は次にあげる三点に求める。

第一は柳沢吉保と徳川綱吉の関係は、将軍と側用人の関係で、しかも、柳沢は老中の上に座位していた人物とある。この吉保が将軍綱吉と老中を繋ぐ座に位置していた理由は赤穂事件と同様な殿中に於ける堀田正俊の暗殺事件（殿中刃傷事件は七回ある）が大きく影響している。この暗殺事件以後、綱吉は完全に信頼できる家臣以外は近づけないくらい人間不信になり、吉保の他の家臣に対しては現代でいえば着信拒否状態であった。全ての案件の陳情、伝言は側用人の柳沢吉保を通して、老中に取次、伝言するという側用人制を、確定制度として設定した。初代の側用人は牧野成貞《まきのなりさだ》（綱吉の館林藩時の元家老）であるが、その後は柳沢吉保のほうが活躍した。将軍綱吉と側用人の吉保との関係は大変に密接な関係にある。従って、吉保は綱吉に対して、「松の廊下」であった浅野の刃傷事件を、わざわざ、「柳の間」であったとして、虚言を弄する必要はない。また、そのような虚言を使い、嘘が露見したら予想もつかない処罰があるはず。そんな無謀な報告をするとはあり得ない話である。筆者はこの古記録は信憑性が高いものと見たい。

第二に、此の家記録は吉保のお抱え儒学者である荻生徂徠《おぎゅうそらい》が監修し、その高弟たちが執筆している（「楽只堂年録」第三巻、八三頁下段・八木書店）。しかも、その高弟たちは将軍綱吉の儒学の直門弟でもあった秀才たちで、綱吉に虚言を記載することは出来ない。因《ちな》みに、大石氏の一例を参考にすれば、綱吉は御成り（重臣宅訪問）が好きで、講釈、談義をしたらしい。特に柳沢吉保家に御成り下向した回数は、六〇回もあると記されている。ここまで回数があると、とても尋常ではない。尤も、その回数は吉保の側室である正親町町子《おおぎまちまちこ》の「松蔭日記《まつかげにっき》」によれば、もう少しすくない。吉保の実子は、綱吉の子供と言う噂もあったらしい。然し此の話が事実なら、戸田茂睡《とだもすい》の『御当代記《ごとうだいき》』にあるはずであるが、それは見られない。「楽只堂年録」は当時の世間話を載せたにすぎないものである、とその真実味について不安を指摘する識者もいたがそれはない。唯の世間話を載せるに儒学者の労力は不要でないか。

第三に、この古記録は実子柳沢吉里の時代に完成しており、その時、綱吉はすでにこの世のひとでなくなっていた。とにかく、綱吉と吉保は、儒学者としての師弟関係ばかりでなく、それ以上の徒《ただ》ならぬ関係であるとの噂もあったくらいで、綱吉に対して、吉保が虚言の記載を家実記にするということはあり得ない。筆者には悩ましい話の流れだが、読者はどんな判断をされるものか聞いてみたい。

この節では敢えて、「柳の間説」を中心に流説したが、筆者は後節に於いてもこの「柳の間説」に拘り、科学性を交えて考察をしてみる。

第二節　「柳の間説」は何故に語り継がれないのか

白書院に繋がる廊下はふたつある。ひとつが松の廊下。残るひとつが柳の間の西廊下である。通常は松の廊下は御三家、御三卿、又は、それに準ずる大大名以外は使用を許されないとされる、格式ある特別の廊下であることは前にも見た。然し、今一度言うが古記録には大廊下とはあるが、松の廊下とは書かれていない。だから柳の間だということを具申するものではない。大廊下とは必ず、松の廊下を指すと断言もできない。従って、勅使、院使が松の廊下を案内されたかどうかは、勉強不足であるが、推断の範囲を出ていないと思う。詳細は第二章で説明する。松の廊下説を取る学者諸氏は、当然のようにこの見識でまとまっている。

筆者は「柳の間説」に関心はある。然し、信じきれないところも多い。これは記録書、古文書を完全には理解しきれないし、検証しきれない筆者の未熟さもあるが、「柳の間説」を支えている関係者の低いトーンに不安を感じてしまう。

筆者が信じたい著書、柳沢家記ともいうべき「楽只堂年録」の存在が、知る人ぞ知るという存在にしか扱われていないということにも不安がある。今のままでは、ポジションアップは難しい。新書で誰かが「柳沢吉保善人説《やなぎさわよしやすぜんにんせつ》」を強固に主張するか、それに関わる文献を用意できるか、はたまた三谷幸喜《みたにこうき》氏（テレビ脚本家）の力添えを請い、ドラマ化するしかないのではと真剣に考える。吉保は巷間、伝わるが如き悪人のモデルではない。単にPR不足だけであろう。将軍綱吉が没した後の身の処し方や、記録の保存、家臣の信頼とどれをとっても、吉保に不良のイメージはない。

次に「易水連袂録」は、執筆者が旗本某だけであり、出自が説明できていない。最初にこの文書を見たときは、大変な文書に出会ったと、多分に上気した。然し、数回、熟考しながら再読すると、釈然としない心証を持つようになった。気になるのは「連なる」と「袂」の二文字である。先に見たように、勝ち目のない戦いに行くことを承知で権力に立ち向かう、忠臣、義士達を褒め称える気持ちばかりで書かれており、検証づけが出来るであろうか。少し、背後に精神論が感じられすぎて気になる。儒学、朱子学の臭いを感じてしまうのは偏見か。さらに構成も気になる。この点は筆者だけかもしれないが、歴史愛好家に問い残したい。

因みに、この赤穂事件の勝ち目のない浪士たちの相手は幕府宰相、「第五代征夷大将《せいいたいしょう》軍徳川綱吉《ぐんとくがわつなよし》」その人である。この流れからして、「易水」の執筆者は「赤穂浪士たち」を同じ強者《つわもの》、武士の鑑として、その心意気や決意の固さを称えるのが先で、浅野内匠頭の刃傷現場は「松《まつ》」でも「柳《やなぎ》」でも問題ではなかったのではないかと、筆者の考えはまとまった。

この結論は、大石慎三郎氏には失礼な言い方かもしれないが、大石氏も含めて、この筋論に対するPR講演と努力が不足している。少数説論者が前に出ないのでは、鋭い筋論に感動できるチャンスがない。残念ながらわかる者がわかればよいということか。ならば、残念な心地がする。

とにかく、柳の間説は完全に検証する為の材料が不足している、と思うが読者はどのように受け止めるか、予断なくお聞きしたい。赤穂浪士に関する一〇〇〇本の諸説諸本の中には、予断、先入観で盛られた話も、往々にして見られる。これは、むしろ懸念するというよりも、それだけ人気があるという証拠ではないかと思う。一〇〇人寄れば一〇〇通りの説が許される文系学の良いところかもしれない。

第三節　浅野内匠頭の本意は何処にあるのか

「赤穂事件」の最も大きな謎は、殿中での吉良上野介に対して、小刀《ちいさかたな》ではあるが、武士にあるまじき不都合な行為であると知りながら、背後から斬り付けなければならなかった本当の理由は何であったかということである。内匠頭自身、古文書、古記録にもあるように、殿中という場所も弁《わきま》えず、然も自身が勅使饗応役の大役であることも忘れたかの如くの暴挙に出たという事について、詫びを入れ釈明をしている。いかなる弁舌を弄しても、申し訳の出来ることではないにも拘らず、我が身の処分を予想しながら、覚悟をして言葉にしている。重要なところであるから、「梶川与惣兵衛日記」（東京大学図書館蔵）から直接引用しよう。

（釈文）

（前略）「誰《たれ》やらん吉良殿《きらどの》の後《あと》より、此間《こないだ》の遺恨覚《いこんおぼ》えたるかと聲《こえ》をかけ斬《き》り付《つ》け申候《もうしそうろう》」（以下略）。

（解説）

梶川与惣兵衛は、最初は誰だかよくわからなかったが、吉良殿の背後から、あの浅野内匠頭が「此の間の遺恨覚えたるか」と声をかけ、斬り付けたと証言している。この文書通りに解釈すれば、吉良上野介に対して恨みがあったということは明白である。それでは議論されるべきは、どんな遺恨であったかを確認したいところである。噂は色々あって、はっきりしない。そこで噂として語られたよく聞くお話という感覚で並べてみるが、かなり盛られた話が多い。説明が不十分であるかもしれないが、筆者の知り得る範囲で、読者と同じ目線の検証をしたい。

①吉良・浅野の不仲説

この不仲について、結論的には検証できずというところ。理由は、浅野内匠頭は天和三年（一六八三）十七歳で一度、勅使饗応役をしている。そしてその一年前の天和二年（一六八二）に朝鮮通信使の饗応役をして、高家筆頭の吉良上野介から有職故実《ゆうそくこじつ》に基づく指導を受けている。その時に、不仲である声は特になく、郷土史色の強い「江赤見聞記《こうせきけんもんき》」にも痕跡がない。従って、吉良と浅野が仲良しであったか、又は不仲であったか判定ができない。もし、不仲であったとすれば、家臣団、取り分け江戸家老や側近達は、充分に配慮対応はできたはず。それに三度も指導の機会があれば、吉良殿の噂など、それなりの情報はあったと判断するのが当然であろう。城代家老の大石内蔵助をして、そこまでの無策はあり得ないとみる。もっとも、噂の信憑性は分からないが、江戸市中での吉良上野介の人物は不評であったようである。

しかし、一方では、近世江戸学の大家、三田村鳶魚《みたむらえんぎょ》（明治の江戸学大家）などは、吉良の領地内での評判はすこぶる良いと褒めている。然しこの見方は直ちに信じがたい話である。吉良上野介はいわゆる、お里帰りをあまりしない領主といわれていて、記録でもお国入りは、一度しかないと伝えられている。優秀であったとすれば、吉良の家老重臣たちが優秀であったのではないか。全くの付けたしであるが、上野介は自分の家族からも不評を買っていたような文書さえも残されている。高家筆頭の仕事は江戸と京都に居てはじめて果たされるものであり、自分の領内で好評であったとしても、それは家臣達の努力の結果ではないだろうか。吉良に限らず、往時の政治の舞台は、華のお江戸であって自国の領内ではない。これは今も昔も何ら変わらない。

②浅野匠匠頭の夫人である、阿久里《あぐり》に吉良上野介の横恋慕説《よこれんぼせつ》

これは浅野の妻、阿久里夫人を「仮名手本忠臣蔵」の顔世《かおよ》に見立て、更に、吉良を高師直《こうのもろなお》にたとえ、浅野が吉良の反感を買ったことによる説であるが、全く根拠はない俗説というか芝居、戯曲の世界の話。しかし、この話を信じたいと思っている日本人は多いという。いわゆる、判官贔屓《ほうがんびいき》で、浅野は可哀そう。何がなんでも吉良憎しである。この説を支持されるひとは、かなりの教養家であろう。毎年、師走の話題をさらい、日本人の機微《きび》に触れる全国民的、鉄板タイトルとしてどこかで放映され、毎回、それなりの支持をされている。それが現実の「赤穂事件」を超え、デフォルメされていることは、誰もが承知している。それでも、拍手を送り目に涙する、これが勧善懲悪《かんぜんちょうあく》の世界であろうか。これが日本の大衆文化であり、日本人の隠れたパワーかもしれない。こうなればこの時点で学術的にみて、事実であるかどうかはもはや問題ではなくなっているかもしれない。尤もこのような国民的英雄と、それを取り巻く逸話はどこの国でもあるのではないかと思う。ところで、この横恋慕説は基本的に無理な仮説である。勅使、院使の饗応役の選定業務は老中の専権事項であり、選考にあたり、吉良上野介は預かり知らぬことのはず。従って、吉良上野介が事前に浅野内匠頭を狙い撃ちにして、虐《はずかし》めの対象にすることは出来ない。この視点から見ても、この説は、検証に耐えられない。読者に尋ねるまでもない。それくらい、浄瑠璃、歌舞伎の「仮名手本忠臣蔵」は、江戸市中に大きな影響を与えていた証《あかし》であろう。歴史に詳しい方に言わせれば、浅野の阿久里夫人と吉良が直接に面識を持つことは、全くあり得ないと断言されるであろう。大名夫人が屋敷から外出する事も少ない。僭越な物言いであるが、筆者も正しい見識と思うし支持したい。

③赤穂の塩業と吉良三河の塩業の商売喧嘩説《しょうばいげんかせつ》

江戸の塩業については、野口氏の本（『忠臣蔵』ちくま新書）が詳しい。赤穂の塩は、昔から良品とされている。然し、筆者は具体的に赤穂塩のどこが良いというほど塩について知識はなく対応できない。従って、なんとも判断材料を提示できないが、瀬戸内は波が穏やかであるから、塩の製造工程を容易に出来そうなことは理解できるし、気候が温暖であろうから、塩業には向いていたであろう。四国や赤穂、知多吉良あたりで製塩事業が盛んであっても不思議ではない。

その地で製塩事業が栄える為の判断材料はふたつあろう。製造方法が効率的である事。もうひとつは近隣に良い消費地を持つということであるから、商品の荷重からして、消費地が遠方であっては商売に困難である。浅野は関西ルートとされているし、吉良は尾張のルートを持っているため、販路は確保されていたとみてもよい。然し、赤穂は製法に優れ、家庭用塩であるに対して、吉良塩は荒塩タイプで、用途は赤穂物より狭いとされたというが、販路が違うため商売喧嘩説も俗説の範囲であろう。赤穂塩製法は秘伝であった記録もあるが、それが如何ほどの範囲で流通を支配していたかは資料がない。偶然ではあるが、

赤穂、吉良領地図

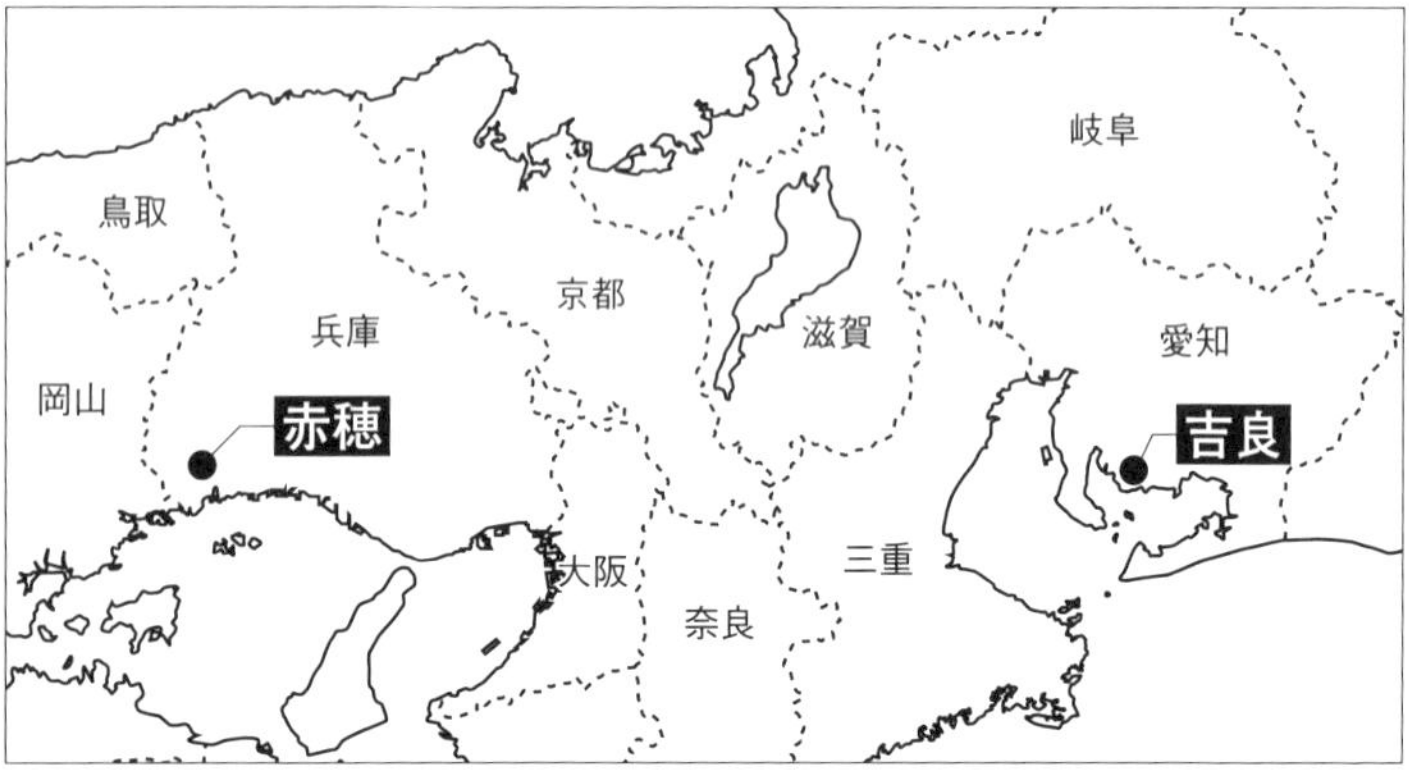

筆者は尾張にも瀬戸内にも、かなりの期間、在住していたから想像は出来る。全国の諸藩が赤穂の製法、秘伝を盗用すべく、隠密を放ったとしても、その秘伝が欲しいことは吉良だけではなかろう。遠くは能登にも加賀藩の優良な塩が採れた記録もある（全国ブランド塩一二箇所説あり）。全国諸藩の隠密は各地に放たれていたであろう。大名諸藩は幕府より領地を借用しているだけで、減封や転封はあっても、幕府に対して年貢納税の義務はない。それでも、幕府に対しては年貢相当分を超える賦役《ぶえき》の要請はきちんとあり、それを指名されれば拒否は出来ない。だから、諸藩は財源の確保にあたり、極秘に新田開発や地域の特産の開発に精進した。

時代は少し違うが、殊に上杉鷹山はそんな話の誉れに高い。塩は往時の大切な栄養分であり、甲斐の武田信玄は、山ばかりの領地に手を焼き、何とか海の見える領地が欲しいことから、徳川を伺《うかが》った。宿敵、上杉謙信は、〝信玄公も塩がなくては戦もできない〟と言って武田信玄に塩を送った話は、「敵に塩を送る」という故事の語源ともなっており、歴史愛好家にはたまらないエピソードである。それくらい、いつの時代にも塩業の盛んな領地は、欲しかったようである。

ところで隠密は老中差配、大奥差配、目付差配、柳生差配と色々あって皆、別々の組織である。この隠密の一件は「大名評判記」のところでみよう。

④浅野は度々《たびたび》の饗応役で、状況の判断は独自《どくじ》で充分出来ると思い、役儀《やくぎ》を軽《かろ》んじた説

これも又、あり得ないと断言できることではないが、それについては別件で説明しよう。逆に、あり得る話ではあるが、浅野と吉良は位が違い過ぎるから、「浅野短慮説」と重複するかもしれない。御殿医の「栗崎道有日記《くりさきどうゆうにっき》」にも、浅野について、あまり褒められない内容の記述がある。少し話を付け加えるが、ある特別な職種が特定の人に限られて付与されている場合は、当然、部外者への発言は憚られる。また本人もその業務の執行に当たって、必要以上に付加価値を付けて説明したがるであろう。特に関東武者の集団である徳川幕府はその素性に於いて、公家衆に頭が上がらず、得意げに振る舞う吉良が敬遠されがちであったことは想像できる。このような業務上の確執の行ったり来たりが軋轢《あつれき》を生みやすいことは、現代にもある話。しかし、「浅野短慮説」と「吉良意地悪説」と比較してもどちらに妥当性があるかと言えばそれは大差ない。

⑤吉良上野介の過剰《かじょう》な賄賂請求説《わいろせいきゅう》

この説は少し力を入れて解説をしたい。この項目は、別の角度から広げて考察する必要がある。吉良の家柄は、有職故実を語ることの出来る「高家《こうけ》」、「公家《こうけ》」とも書く。吉良家は「仮名手本忠臣蔵」にも登場する。

吉良家は足利将軍とも所縁《ゆかり》をもつ、由緒のある家柄である。足利家一族は武士でありながら、室町政権の後半は公家模様で有職故実に長けていた。吉良はそれもあって、饗応役に対する礼式マナーの指導役を代々饗応役に指導をしてきた。この「高家」と言う呼び名は、足利高氏の一字を拝してのものと言われる。その家柄は清和源氏の本流であり、「従四位《じゅしい》」という位《くらい》で、徳川一門と同格以上ともいえる。血筋から見ても、世が世であれば、加賀前田家一〇〇万石に肩を並べてもおかしくない家系でもある。高家衆の数は二十六家であるが、吉良家はその筆頭、肝煎《きもい》り家であり、高家衆の親分である。他方の赤穂藩、浅野家は土地持ち、城持ちの裕福藩ではあったが、禄高は五万三千石、官位は従五位の下という立場。四位と五位は大きく違う。この位には更に、正四位、上四位、下四位などがあって複雑である。有名な赤穂塩業が財源にあったとしても併せて六万石を少し超えるくらいであったであろう。浅野を少しフォローすると、城持ち、土地持ちの城主は、五万三千石でも相当なもので、吉良は高家でも扱いは旗本身分であり、城もない。武士に生まれりゃ城は欲しい。しかし、この喧嘩は相手が悪すぎる。浅野も喧嘩をするときは相手を選ぶ必要があった。

さて、本題に戻ろう。吉良家に対する、対価の催促は教育指導料か、不当な賄賂要求かという見立ての問題である。言うなれば、業務上の対価なれば、「幾《いく》ら也《なり》」と決められているべきであるが、そこが決められない業務であることが、朝廷案件の扱い難いところである。その上に、吉良の性格が言われるような不良であったら、饗応役は誰も致したくない。その上、饗応に掛かる費用は接待側の全額負担。指導御礼の規定がないから、「礼はお気持ち次第のお見立て」となりやすい。これが、刃傷の真の理由かと言えば、動機として幾分はあっても、これが全ての理由とは言い切れないとみる。これにはこんな見方をされる学者もおられる。吉良上野介の饗応役に対する指導料の請求額は、数十両単位であり、常識を超える「賂《まいな》い金《きん》」の要求であったらしい。指導内容にもよるであろうが、それは外様大名の財政を消耗させるための故意による幕府の政策であって、特に咎められる案件ではない。吉良だけにあらずして、老中幕閣も堂々と、袖の下の要求をしていたと言われるが、果たしてどうであろうか。

その説論者は『将軍と側用人の政治』の著者、大石慎三郎氏である。異説としては面白いが、賛同し兼ねるところもある。この御見解はよいとしても、引用されている文献史料にあるところの一部が、得心できない。荻生徂徠の『政談《せいだん》』（尾藤正英《びとうまさひで》抄訳　講談社学術文庫）の一文に書かれているということで、その引用箇所の一部を紹介する。

（前略）慶長《けいちょう》・寛永《かんえい》の頃《ころ》までは、諸大名《しょだいみょう》の謀反《むほん》を気遣《きづか》ひ、金《かね》を遣《つか》はする様《よう》にする事《こと》、其《その》時分《じぶん》御年寄共《おとしよりとも》の計策也《けいさくなり》。是《これ》によりて、御老中《ごろうちゅう》の諸大名《しょだいみょう》より物《もの》を取《と》る事《こと》、却《かえ》って御奉公《ごほうこう》の筋《すじ》にて、其時分《そのじぶん》は嘗《かつ》て遠慮《えんりょ》なき事《こと》なりといふ。この筋盛《すじもり》になりて、御先々前御代《おんせんせんまえおんだい》の頃《ころ》は、御手伝等被抑付事盛《おてつだいとうおうせつけられことさかん》なるゆへ、諸大名《しょだいみょう》いよいよ、物《もの》を使《つか》ひ、上の御威勢《おいせい》のはげしきに恐《おそ》れて（以下略）。（荻生徂徠著書『政談《せいだん》』一一七頁）

（釈文《しゃくもん》）

（前略）慶長・寛永のころまでは、（豊臣の残党等）諸大名の謀反を恐れ、金を使わせる事が其時分の老中幕閣の幕府政策である。これにより、御老中の諸大名から物を頂戴する事は、却ってご政道に合うことであり、その時分（元禄）は今までとも遠慮なく致してきた。この考えで、御先々前御代の頃「家光（一六二三〜一六五一年）」は、「家綱（一六五一〜一六八〇年）」は御賦役《ごぶえき》、軍役《ぐんえき》、お手伝《てつだ》い、（いずれも全額各藩負担）も多く、諸大名は皆、不安であった（中略）。そのほかに常備、軍備の蓄えも、巡見使により検閲《けんえつ》を受けている。特に、捕鯨船《ほげいせん》を海防船《かいぼうせん》として使用出来るように、定期点検を、「御座無様揃え置き候調べ置き候《ござなきようそろえおきそうろうしらべおきそうろう》」。（以下略）

（解説）

①文中にある、御先々前御代とは「三代将軍家光、四代将軍家綱」の時分とあり、元禄泰平の時代の安定期にこの指摘は当たらないとみる。

②更に、外様小藩（五万石）あたりの謀反を恐れて、財政の消耗作戦は賦役ならば、それなりの額になろうが、吉良が無心するが如き単位の額で、諸藩の財政の破綻は見られない。四代家綱以降、政権が安定してきた大きな要因は、コメ作りの安定生産と、農民の年貢米以外にも、自由に換金できる農産物の生産解禁にある。

③五代将軍綱吉は倹約令を出すくらいであることを見ても、そのような幕臣が賄賂を正当に要請するような、政策を実行することはないであろう。綱吉の政治政策は倹約令

として多く発令している。他方で御触書に反する藩の取り潰しと、藩主の処刑が一番多かった将軍である。老中、幕閣といえども将軍綱吉と側用人吉保を恐れて、そんな大胆行動は出来まい。更に付け加えるなら、饗応接待役を勤める五万石程度の小藩の謀反を恐れて、幕府の対策とは想像し難い。外様でも五〇万石あたりの大大名の謀反を恐れるのはわからないでもないが、元禄期に取り潰しを恐れた外様大名はいても、謀反を起こすような元気はないとみるのが妥当ではないか。泰平の往時、人を斬った経験のない家臣団が藩主命令といえども、謀反に同意するとは思えない。それが元禄時代の風評であると思うが、読者はいかが思われるであろう。幕府の政策にしては、高家筆頭吉良上野介がおねだり（御強請りと書く）をする事が、幕府の方針に合致しているという屁理屈は、何とも小さくてさもしくはないか。

荻生徂徠は正統派の学者であり、柳沢吉保のお抱えの儒学者。当代きっての新進気鋭の学者である。此のケースで、後世の学者に自筆の「政談」を引用されるとは思わなかったのではないか。吉良上野介は、由緒ある家柄。価値観の相違はあっても、有職故実に掛かる指導料として、正当に請求したものと見たい。従って、吉良のおねだりに浅野が切れての刃傷事件というような講談的解釈を筆者は取り入れたくない。綱吉は、御触《おふれ》書《がき》が沢山あるが、有名なものは、「生類憐みの令」や「慶安御触書」であり、それは綱吉の「治政」で触れることにする。

⑥再度の饗応役なので、指導料を払ってまで指図を受けるほどではない説

これも、かなりの俗説であると思う。再度のお役目といえども、十七年も以前の役回りであるから、状況も違うであろう。その時と最も変化しているのは、まず、将軍が儒学者綱吉であるという事であろう。国のトップである征夷大将軍が替われば、行政の在り方が違って来るのは充分あり得る。吉良上野介のお役目は、古式を基本とする仕来りであるから、大きく変化することはなかったかもしれないが、勅使、院使を饗応する、綱吉の意識が先代将軍と、当然に変わっているであろう。殊に、礼儀作法に豊富な見識を持つ学者将軍としては、朝廷からの使者には粗相なく、返礼の儀式を終えたかったであろうことは当然で、誰でも想像に難くない。今回は、実母の桂昌院の従一位の昇格に対する返礼の意味も込めれば、失態は許されない。

次に予想される状況の変化は、大江戸経済と人口の変化である。

往時の江戸事情を俗世間では、元禄の世を称して「豪華絢爛、大江戸八百八町」と囃し立てるが、現代人には、なかなか想像が付き兼ねる。

百万都市とも言われたが、記録によれば、八〇万人を少し超えるものであったらしい。徳川政権も幕末期あたりになれば、一〇〇万人に届いていたかもしれない。かもしれないという表現はいただけないから、今少し説明をする。教科書では一〇〇万人で世界一の大都市であったとされているが、ここで詳しく見よう。享保六年（一七二一）、八代将軍徳川吉宗《とくがわよしむね》の時代になされた有名な「享保の改革」の一環として、本格的な人口調査がなされ、日本全体の人口は三三〇〇万人くらいであったと記録されている（琉球、蝦夷は含まず）。そのうち江戸市中の人口は町人が五〇万人で、武士、公家、官職は含まずとしたから、その人口を推定で四〇万〜五〇万人とみたらしい。合計で一〇〇万人という計算であるが、往時の調査としてはかなりの精度である。武家も、公家も本当の家臣数を報告はしないものとされていた。だから、全国的に隠密が潜伏横行し、黙認される時代でもあった。映画でいう忍びの者は、各藩でも養成していた。御三家筆頭の尾張徳川家では、「土居下同心《どいしたどうしん》」という隠密長屋が公認されていたし、他にも各地の有力大名や寺社各所も忍びを雇って、幕府に対抗していたのはよく聞く話である。薩摩や津軽は幕府の隠密から藩を守る為に、領民の使う言葉自体を変えて、忍びの「草《くさ》」と呼ばれ、何世代も敵地に隠れたままで、忍びの者に居住され、地域の住民と仮相されるのを防ぐためでもあった。その名残がその地方の方言で今日、普通の会話になっている為、県外からの旅行者も単語が異なり、伝達が困難なこともある。隠密は前にもみたが、筆者が知るだけでも公儀、老中、柳生とあった。

話を戻すが、江戸の経済も人口増加で伸びるが、物価も上がる。浅野家が初回に饗応役を受けた当時の物価に比べてどれくらい、上昇していたかについては、元禄の「小判の改鋳」のところで説明するが、十七年前の初回御役の時は四五〇両位で賄えたとある。二回目の前年、御同役の伊東出雲守《いとういずものかみ》の時の勅使衆の接待費は一二〇〇両くらいであったといい、その情報は浅野家でも把握していたと古記録にある（『沾徳随筆《せんとくずいひつ》』二二頁、綿《わた》屋文庫編《やぶんこへん》）。

従って、吉良殿の袖の下の額も相応のおねだりがあったとしてもおかしくはない。少し、長い説明を費やしたが、幕府の政策だとか、不当な裏金要求であるとかの説は、聞く立場から見れば如何にも面白話だが、説得力に欠けると思うがどうであろう。こんな見立ては筆者だけであろうか、読者の皆さんに尋ねてみたい。

⑦浅野内匠頭の「癪《しゃく》という病《やまい》」持病説

　この説は正統な見方である。なぜならばこの話は古記録に多数残されているからである。しかし、記録に残されていれば、それで即座に正解と断定出来るかどうか怪しいところがある。

まず、浅野内匠頭、本人自身が、大目付の取り調べに対して、次のように伝えている。古文書から引用しよう。

（釈文）

一右京《うきょう》大夫《たゆう》殿御宅《どのおんたく》へ御着《おつ》き、籠《かご》より御出被《おでられる》なり、（中略）御挨拶人《ごあいさつにん》へ被仰候《おおせられそうろう》は、自分《じぶん》は全體不肖之生付《すべてからだうまれつきふしょう》、その上《うえ》に持病《もちやまい》に癪有之《しゃくこれあり》、物《もの》ごと取靜候事不罷成候《とりしずかそうろうことまかりならずそうろう》、夫故今日《それゆえきょう》も殿中《でんちゅう》を不辨不調法之仕形任《わきまへずふちょうほうのしかたにまかせ》、如此何《かくのごとくいず》れもの世話に罷成候《まかりなりそうろう》、乍去相手方《さりながらあいてがた》は存分《ぞんぶん》に任負《しおわ》せ、青面《せいめん》の儀《ぎ》と存候旨被仰《ぞんじそうろうむねおおせられ》（以下略）。『江赤見聞記』巻一の一七四頁上段から引用。

（解説）

内匠頭《たくみのかみ》がお預《あず》かりとなった右京大夫《うきょうたゆう》の御屋敷《おやしき》へ着《つ》き、籠《かご》より、お出になられて、出迎《でむか》えになられた、右京大夫《うきょうたゆう》の家臣《かしん》に申されましたことには、自分《じぶん》（内匠頭《たくみのかみ》）は体調《たいちょう》も悪《わる》く、生まれつき持病《じびょう》の癪《しゃく》を持っており、安静《あんせい》にしなければいけないので、あちらこちらで世話になり今又、ここでお世話になります。さりながら、相手（吉良《きら》）方もひどくやってやりましたよと言われて（中略）

まず、ここで、読者に「江赤見聞記」の概要を説明しなくてはならない。この文書は全体的に見て、赤穂藩に対する郷土の応援記録といった面もあるが、前半部分は信憑性のあるものとされている。「江赤見聞記」は浅野内匠頭の正室、瑶泉院《ようぜんいん》（阿久里）の用人である落合与左衛門《おちあいよざえもん》の筆によるもので、比較的冷静な書き様であるという評価で、別名「家秘抄《かひしょう》」（山本博文『これが本当の「忠臣蔵」』小学館新書）とも呼ばれている。これが、赤穂藩の郷土史的古文書の「江赤見聞記」の翻刻版であることから見ても、嘘の記録ではあるまい。これでは浅野を弁護できる記述部分が殆どない。しかし、此の記述が浅野内匠頭の本心であろうか。殿中での刃傷の言い訳にこのように覚悟を決めた。とっさの緊張で対応に限界ではなかったろうか。松の廊下で吉良を確認したときは、興奮していたかもしれないが、いずれにしても綱吉の裁定処分のお沙汰も決まったあとの言い分である。気遣い、心労があったことは充分考えられるが、その後の浅野の対応、物言いはとても、乱心病気者の発言ではない。癪を持病の「つかえ」と解説される方もいるが痞（つかえ）の症状がとっさに判断を狂わせる病気とは、医療の知識がある者の表現とは思えない。うつ病が暴力的行動は起こさない、躁《そう》病が乱行動を起こす。総合失調症の発作は一度起これば、五時間くらいは収まらない。浅野は冷静そのものに見えるが、筆者には、これが吉良刃傷の動機の全てとは思えない。推量の範囲で見立てるのは読者の自由である。此の記述は本物であろうが、直接の動機には思えない。読者の判断で解釈されたいが、この説が多数説であることは紛れもない。いわゆる浅野は、自供をしたのだからかばうことはできない。ここで幕府の御典医が遺した文書から、浅野の立ち振る舞いを検証してみよう。

御典医、「栗崎道有《くりさきどうゆう》（一六六〇～一七二六）」

まず、近世江戸時代に於ける医者事情について説明する。一般市井に於いては医師の免許も資格もない。私は医者であると言って、医術の心得ありと看板をあげれば、八百屋、魚屋と同じく商売は出来る。但し、現実に治療と薬剤の知識がないと、患者は来ないし、金にはならないであろう。やがて有名になり、それなりの筋から推挙をうけて、大名や将軍家などの医師に取り上げられる。医師は元来、資格ではないから市井で評判の医師が大名に要請されて、周りから「御典医」と呼ばれるようになるが、「専属医師」ではない。官職ではあるが、いわゆる、家臣団には入らない。徳川初期の学者と同じで（綱吉時代の林鳳興からは昌平坂学問所の大学頭となり家臣扱いとなる）職能資格で本人給である。朝廷の医師とは少し違うところもあろう。家臣となった学者たちは、その後継者に身分を継承できるが、医者は最後まで、本人給であるから、その子が医者になれるという保証はない。

これは、単に「古記録」であって、「誰か特定の人に報告をする義務のある古文書」ではない。現場に居合わせた担当医師の記録であるから、非常に、信憑性の高い原史料である。なお、此の文書は栗崎医師本人が書いた物ではなく、筆の心得のある使用人の筆であろう。何れにしても、貴重なものであるから幾分、長い文献の引用となるが、読者と一緒に学習したい。以下「栗崎道有記録」（八木《やぎ》哲浩《てつひろ》編、赤穂市発行）。

●栗崎道有様の証言、その一（使用人の筆）

（前略）「その席を逃しては堪忍ならざる事でもあったのか、内匠頭様は気短な人であるように聞いています。吉良様を見つけて小さ刀を抜いて眉間に切り付けました」

烏帽子に当たって烏帽子の縁までで切り止まっていました。その時に、吉良様は横うつむきになる所を、二の太刀で背中を切られました。これも刀の寸先《すんさき》（長さ）が短く、内匠頭様自身の気が焦っていたので刀先《きっさき》が下がり、漸く《ようよう》皮肉《ひにく》（表面）だけを長さは六寸（一九センチ位）余切られました。背中の傷は浅い。額の傷は骨にあたって少々深い（中略）。

●栗崎道有様の証言、その二

（前略）私（栗崎道有）はその時、神田明神下の酒屋伊勢屋半七という者の癰腫《ようしゅ》（悪性のはれもの）を治療している最中の時でした。そこへ、急信を持って来られました。これを見ると、「ただ今、殿中で、吉良上野介様に不慮（思いがけないこと）が起こり、手負《ておい》（怪我）をしたので、大目付の仙石様の指図により手紙を送る。早々に急いで登城するよう」という内容です。

三月十四日　　　畠山下総守

「栗崎道有様」

●栗崎道有様の証言、その三

（前略）このような文面の急信が来ました。私はただ事ではないと思い、まだ大早速、振薬を袋に入れて持参していたのを先ず、振り出して飲ませました。傷を見ると、そのまま源氏の何とかいう石灰の入った薬を少々（貼り）付け、その間も血がしきりに流れるので、幸い、吉良殿が着ていた下着の白帷子（麻の単衣）の袖を引き裂き、傷に薬を少々付けてその上を巻き包んでそのままおいていたら、血が止まりました。（中略）。

●栗崎道有様の証言、その四

大目付の仙石伯耆守様が言うには、私に対して、「先刻は公儀（幕府）より私（栗崎道有）たちに吉良上野介様の治療をするよう命じたところであるが、これからは治療する必要はなくなった。しかし上野介様、並びに高家衆が、幸い栗崎道有殿がやって来て元気をつけ、血も止めてくれたことなので、病人の願いや高家衆の中で栗崎道有殿にこれからも治療を続けてほしいということならば（中略）……上野介殿ら一同に治療を頼まれたのだから、私（栗崎）が治療致すべきなので、大目付の仙石伯耆守様へもその旨申し達した上で」と言って、殿中へ行き、仙石伯耆守様に会い、「高家衆や上野介様が頼んだので、私が治療するようになりました。そのことを老中にも申し上げて欲しい」と言うと、「もっともである」と言われました。（中略）

以上、御典医栗崎道有の証言を四小文にして列記したが、この証言で筆者が、読者の皆さんに得心頂きたいところを次にまとめて、お手数を省きたい。

栗崎証言の語るところ

前述したように、御殿医といえども栗崎道有は西洋医学を駆使はするが、市井の開業医に過ぎない。その栗崎道有は全く幕府と関係なしとは言わないが、その医療行為には何ら制限をされることもない。障害となるような忖度を強要されるべき立場ではないから、記録内容の信憑性は高いとみる。

江戸城に於ける浅野内匠頭の刃傷事件について、大目付仙石伯耆守たちは梶川証言も入れて、事件が起きた直後には、「これは勤務中に起きた事件である」との見解で、吉良上野介の身体損傷について早急に対処すべく治療を命じた。ところが治療行為の途中から態度が一変して、これは本日の殿中での勅使、院使饗応の儀式の以前に起きたことであるから「勤務中の諸事ではない」というような見解に変った。従って従来から殿中の慣例である、勤務中の損傷経費は幕府負担という慣用法は適用されなくなった。今日でいうならば労災保険の適用がされなくなったということである。況や、吉良上野介は浅野内匠頭から恨みを買い、暴挙される覚えはないと断言をして、自らの脇差に手を掛けもせず、無抵抗で逃げ回っている。これは「喧嘩行為」にも相当しない。

幕府の見解は、あくまで「浅野内匠頭の乱心による暴挙」であり、殿中で抜刀した浅野内匠頭は切腹、お家断絶。吉良上野介は自費で治療をするべきで直ちに退城すること。このまま、自費で栗崎道有の治療を希望するのならばそれも「了。」の裁定で一件を落着させたということである。この裁定の裏には将軍徳川綱吉の迅速な裁定と側用人の柳澤吉保の具申があったような見方もあるが、これについて判然とする史料はない。どちらにしても、勅使、院使が待ち受けている殿中の事件である為、誰もが先を急いだことは間違いない。

浅野内匠頭という人物はどんなお殿様であったのか

「大名評判記」という記録をここで紹介する。この内容は噂か真実《まこと》かは誰も確信するところではないが、文書が遺されている以上、全くのでたらめということでもない。読者の皆さんも、その程度で流し読みをされて欲しい。この「大名評判記」というのは正式な呼称ではなく、江戸時代の世情で伝わる、全国大名の査定記録の総称であると思って頂きたい。その中に「土芥寇讎記《どかいこうしゅうき》」という評判記がある。元禄三年の全国諸大名紳士録、評判記であるがかなり信憑性がある記録とされている。この文献を引用される先行学者は少なくない。

「土芥寇讎記《どかいこうしゅうき》」（五五、五六頁　校注金井圓《かないえん》　作者不明　人物往来社）
一《ひとつ》、浅野内匠頭源長矩《あさのたくみのかみみなもとのながのり》　従五位下《じゅごいげ》　五万三千石《ごまんさんぜんごく》

この評判記は五代将軍、徳川綱吉治政の初期の隠密による調査であるとされているが、誰の差配でしたものかは定かでない。

「長矩《ながのり》、知有《ちあ》って、利発《りはつ》なり。家民《かみん》の仕置《しお》き宜《よろ》しき故《ゆえ》に、侍も百姓《ひゃくしょう》も豊《ゆた》かなり。女色《にょしょく》をこのむこと、切《せつ》なり。故《ゆえ》に奸曲《かんきょく》の諂《へつら》い者《もの》、主君《しゅくん》の好《この》むころに随《したが》って、色能《いろよ》き婦人《ふじん》を探《さが》し求《もと》めて出《い》だす輩《やから》、出頭《しゅっとう》・立身《りっしん》す。況《いわ》んや女縁《にょえん》の輩《やから》、時《とき》を得《え》て録《ろく》を貪《むさぼ》り、金銀《きんぎん》に飽《あ》く者多《ものおお》し。昼夜閨門《ちゅうやけいもん》に有《あ》って戯《たわむ》れ、政道《せいどう》は、幼少《ようしょう》の時《とき》より成長《せいちょう》の今《いま》に至《いたり》、家老《かろう》（大石内蔵助《おおいしくらのすけ》）の心《こころ》に任《まか》す。謳歌評説《おうかひょうせつ》に曰《いわ》く、此《こ》の将《しょう》の行跡《ぎょうせき》、本文《ほんぶん》に載《の》せず。文武《ぶんぶ》の沙汰《さた》もなし。故《ゆえ》に

評無《ひょうな》し。唯《た》だ女食《にょしょく》に耽《ふけ》るの難《なん》のみを揚《あ》げたり。

文意は既にわかりやすい文脈であるため、釈文を省略して解説に移る。

（解説）

浅野長矩は賢くあって、家来の教育も信頼もある。だから領民も豊かであった。ここまでは良いが、そのあとは全て家老に仕事を任すとある。そこがよろしくない。内匠頭は有体に言えば女好きであって、その為、家臣のなかでもよくない者は、内匠頭に女子を紹介して、自分の評価を上げようと企んだ者もいた。それればかりではなく、調子に乗って、金品を流用していた輩もいたようである。本人も昼夜拘りなく遊興に耽っていたと「土芥寇讎記」に記されている。然し、読者は最後文末を見られたい。浅野内匠頭の世間で言われている風説はここには書かれていない。文武の評価もわからないから評価しない。唯一の欠点は女好きであるという評価であったようである。これが高い評価か低い評価であるかは読者の自由な判定に任せたい。

藩主の評価とは別にして、地領の赤穂藩も少し取り上げてみる。赤穂藩は年貢の取り立てに余裕があって、六公四民《りくこうしみん》である。これは農家が四でも生活に困らないということで、全国平均は逆の四公六民くらいであった。因みに、徳川家は全て天領であって、三公七民という比率の徴収である。天領は管理体制が悪く代官の横領がかなりあった。今売り出し中の歴史研究家　磯田道史《いそだみちふみ》氏の大名評を借りよう。大名の席次は禄高ではなく、官位で決まる。昇進、官位の昇格が望めない金持ち大名は、歴史の通則であるが、色欲、遊興が先で、最後に官位となるらしい。吉良と浅野の事件はこのしがらみによると断定している（『大名評判記』三二頁）。塩業を見れば、実高は六万を超えていた模様。さて、読者の御意見はどうであろう。筆者はそれもなしとは言わないが、果たして結論がそこに来るとは思えない。

内匠頭は、大名火消としては有名であった。一般の大名火消は「方角火消」とよばれている火消であって、責任地域を持つ火消である。さらに大名火消にはもうひとつあり、赤穂藩主の浅野内匠頭が受けていた役目は「奉書火消」と言われ、幕府の特別命令書の支持で，何処へでも江戸市中の猛火中に飛び込む火消である。大変勇猛に活躍したとある（稲垣史生『すぐそこの江戸』一八頁　大和書房）。内匠頭のことを加賀藩主の前田《まえだ》綱紀《つなのり》が高い評価をしていたという噂もある。色々な評価はあるが、とにかく、「文」より「武」に長《た》けたお殿様のようだが、金余りは何時の世でも判断を誤るらしい。

次に唐突ではあるが本書中、大変重要な文献を☆付きで紹介したい。筆者はこの文献の中に浅野内匠頭の吉良上野介に対する「意趣返し」の本意があったものと確信する。

☆「**沾徳随筆《せんとくずいひつ》**」（**綿屋文庫編　臨川書店**）

この文書は浅野内匠頭が饗応役を仰せ付かった時の心境を聞いた江戸の俳人（水間沾徳《みずませんとく》）が書いた俳諧談義である。特に徳川の威光を気にしない公家本であるから、これが最も信憑性の高い文書であると判断して、力をいれ読者の皆さんに紹介したい。

「沾徳随筆《せんとくずいひつ》」原文から引用する。

（釈文）

「浅野家滅亡之濫觴《あさのけめつぼうのらんしょう》」

其年《そのとし》二月に傅奏衆《てんそうしゅう》御馳走《おんちそう》之事《のこと》被仰付砌《おおせつけられるみぎり》、老中《ろうじゅう》御列坐《おんれつざ》にて被仰出候《おおせいでられそうろう》、毎年《まいねん》次第《しだい》に御饗応《おんきょうおう》結構成《けっこうなる》に申候間《もうしそうろうあいだ》何茂《なにも》御馳走人衆《ごちそうにんしゅう》被仰合《おおあい》 露《さらせられ》、累年《るいねん》より結構無之様《けっこうこれなきよう》に可被致候由《いたされるべきそうろうよし》を承《うけたまわる》（中略）。

〈解説〉

その年（元禄十四年）の二月に勅使、院使の饗応役を仰せ付かりました。老中様ご列席の時、毎年、年重ねるごとに供応費が増えているから、そんなことにならない様にしなさいと、列座にて仰せらました。経費は充分に、注意をして予算を大きく超えないようにと承りました。

ここで少し脇道にそれることになるかもしれないが、分かりやすい話を続けよう。この件《くだり》は綱吉が経費を節約する為に発した号令であり、経費削減の指示は老中達の政治であって、浅野以下、馳走人の発議ではないことを読者はご理解頂きたい。ここに一例を紹介する。

明治時代の学者江戸学の大家、三田村鳶魚の著の中にも見られるように、時の将軍徳川綱吉は、倹約令の御触書を出している。これは幕府の財政が困窮していたからである。その中に「朝鮮通信使《ちょうせんつうしんし》」に対する饗応接待費が考えられない程の一大イベントであって、膨大な経費を費やしていたと言われる。往時の計算で、一度に一〇〇万両を使っていたとある。現代ではそのスケールが想像出来ない。この経費の中身は、対馬《つしま》（長崎県対馬市）経由で九州平戸に上陸し、江戸までの道中で休憩、宿泊する経費と、その地を管轄していた大名達の経費も含んでの計算であろうが、莫大な負担であった。「甲子夜話」などに記載があるが、一行の総勢四五〇人でそのうち一五〇人は水夫である。江戸まで登る人数は三〇〇人位であったようである。朝鮮半島の釜山を出てから四ヶ月の行程で、その時代によっては半年も掛けることもあった。その間は正に、大名行列状態で、通過諸藩は事前に道路の補修や粗相なき様に接待費を使用させられ、殆ど意味のない経費ではあった。俯瞰してみれば、これにより地方の経済の活性化には功績があったのではないかとは思うが、その後、経費の削減令により、六〇万両位のときもあったと記録に残る。

この朝鮮通信使は徳川将軍が変わるたびに実施され、都合十二回実行された。何故これほどまでに朝鮮通信使の招聘《へい》に幕府が拘ったのかというと、世にいう「大君外交《たいくんがいこう》」の前哨《ぜんしょう》である。六代将軍家宣以降の話に繋がることであるが、ここを説明すると長くなるので話を赤穂事件に戻そう。

綱吉の倹約令に併せて下した老中幕閣の指示なれば、老中が自ら、吉良上野介に伝えるべきが筋の話であろうに、何故に浅野は矢面に出たのか。仮説であるが、この時点で老中から直に、吉良上野介に経費削減を説明していたら、赤穂事件はおきなかった可能性がある。ここで浅野の性格が災いしたとするならば、ここが直接、吉良刃傷の本質ではなかったかと筆者は確信する。あたかも、浅野自身が自分の考えとして、説得しようという手柄意識で臨んで、高家筆頭の吉良と折衝したのではないか。若輩もの扱いされての恨みが出たとしたら、思慮に欠ける短腹な性格を指摘失笑されても致し方ない。

ならば、浅野内匠頭の饗応接待予算は如何ほどの金額を予定していたのであろうか。自ら前回、饗応役をした十七年前の実績が四五〇両あたりであったことが念頭にあったかどうかはわからないが、自ら饗応を経験したわけだから、全く記憶にないことはないだろう。此の赤穂事件の前年の実績は一二〇〇両であったと前任の伊東出雲守から聞かされていた。であるにも拘らず、吉良上野介に意見として具申した金額は七〇〇両であった。この浅野の「吉良様」に対する相談について、読者は如何に思われるだろう。

筆者は浅野の提案額が不穏当であったと思う。せめて、前年の額くらいの吉良殿への相談、又はご意見、具申であったならば、形が変わった可能性があるが、これでは吉良の腰は動かせない。世は元禄狂瀾の物価高。官位の違いと歳の差、ジェネレイションギャップである。これだけ職務に対する見方が違えば、今日の時代であっても、合意はできない。元禄の経済背景は後の章で説明する。吉良は浅野を田舎者扱いしたというが、これも俗説であろう。吉良も赤穂も似たような田舎領地。しかし、吉良も浅野も当主は、皆お江戸暮らし。これは磯田道史氏の官位説に賛意を示したい。若造の世間知らずといった雑言であっても、説得しようとして、赴いたつもりの浅野の出鼻を挫《くじ》かれたことと、互いの矜持《きょうじ》が保てなかったことが、浅野をして「此《こ》の間《あいだ》の遺恨《いこん》」といった表現になったかと推断する。この「此の間」と言う表現は、つらつらと連なる吉良の嫌がらせの諸事ではなく、特定の接点、又は特定の期間における折衝の結果に対する、吉良の仕打ちを指しての口論と見るべきであろう。

因《ちな》みに、赤穂事件から二年後の吉良邸討ち入り後に行われた、元禄十七年の饗応接待費の額は二〇〇〇両以上であったらしい。ここで浅野と老中幕閣が理解し得なかったのは、将軍綱吉は神社仏閣、朝廷への表敬行為などの経費には、削減するという意識は全くなく、寧ろ隆光《りゅうこう》僧正や母桂昌院の意見を取り入れ、進んで改築工事に金を惜しまず入れ込んだ。然し、庶民の行為、生活には事こまかく御触書を出して倹約令を出している。浅野や老中幕閣が綱吉の治政の本質と事実を読めなかったことが大きい。無駄遣いはよくないという、綱吉の倫理感による基準であり、神社仏閣に対しての経費は削減というより、むしろ拡大の傾向にあった。全く無駄遣いとは思っていなかった。先に見たように、朝鮮通信使への費用は、削減の対象であったが朝廷に対する敬意は充分に払っていた。他方で、綱吉は大名諸藩に対して、各藩は身分不相応の武器所持や暮らしをすべきではないなど、町民には事こまかに、倹約令を出し財政を締めた。綱吉自らの行為と矛盾するが、幕府の財政は逼迫《ひっぱく》していたのである。

御触書で綱吉がどんな治政をめざしたのかは、後に触れることにする。直接、綱吉と接点の持てない老中幕閣は、側用人の柳沢吉保を超える見識を持とうという、プライドはなかった。綱吉没後、この側用人制度は一〇〇年程姿を変えながら続く。浅野と赤穂の浪士たちにとっては、時代の背景が不運ではあったかもしれないが、こんな按配は今時でも、ありそうなことではないか。この悲劇が庶民受けをして、以来三〇〇年もの間、此の赤穂事件は事実を超え、日本国民の拍手と喝采を受けて、一人歩き現象の中で、彷徨って来たといえるのではないか。これも余談になろうが、赤穂事件の顛末は明治時代以降、小学校の教科書にも登場し、各方面で暴君綱吉の悪評と、赤穂浪士たちへの止まらない賛辞が続いた。

第二章　殿中刃傷を語る古文書

第一節　刃傷現場を語る古文書、実は解けない謎ばかり

赤穂事件の内容を語る唯一の一次文書として、「梶川与惣兵衛日記《かじかわよそべえにっき》」という文書が歴史学者の間で最も知られた文献である。そして此の梶川文書を引き継ぎ、連動した文書として「多門伝八郎覚書《おかどでんぱちろうおぼえがき》」という古文書がある。

「梶川与惣兵衛日記」は浅野内匠頭長矩が、吉良上野介義央を江戸城殿中で斬り付けた現場の模様を書き記したものである。一方の「多門伝八郎覚書」は目付役として、殿中刃傷事件現場を梶川与惣兵衛から引き継いで、その後の取り調べを含めて、浅野内匠頭の切腹、お家断絶の処罰の決定がされた後、切腹に至る経過を書いた文書である。従って、この二つの文書は時間的に連動した文書であるところが、大変値打ちがあるとされ

ている。

それではまず、梶川与惣兵衛の出自について説明しよう。

梶川与惣兵衛頼照、正保四～享保八年（一六四七～一七二三）旗本七〇〇石。
役職は大奥《おおおく》御台所《おだいどころ》付《つき》留守居《るすい》番役《ばんやく》。

「赤穂事件」とは前章で見たように、浅野内匠頭長矩が江戸城殿中で、勅使饗応の接待の日、役儀も忘れ、高家筆頭肝煎り役の吉良上野介に対して刃傷に及んだ、元禄時代の一大事件である。「梶川与惣兵衛日記」はその現場に居合わせ、事件の顚末をよく知る者として書き残した公用文書であるが、その記述は現場の状況を、必ずしも正確に書き留めていない。そのため諸説が飛び交い、刃傷事件発生から、三〇〇年過ぎた今日も、一向に学会識者の方向性が定まらないと言われている。その原因のひとつはこの梶川与惣兵衛日記に関する文書が三文書あるという点である。三文書ある理由をこれから説明する。これは先に読んだように、古文書は時代が経過するごとに原本が散逸して、その時に保存されている身近の物を写本することがある。その書本が今、現存して研究の対象になっているという事を前提にして読んでいただきたい。但し、写本は、回を追うごとに、日付や年代を間違えたり、省略することもある。それが、偶々《たまたま》にして唯一、現存したものとして、後世で評価されているという事もないとは言えない。然し、専門学者は、そこを考慮しながら考証をするわけであるから、あだや疎かには批判できない。更に加えるならば、一般的には歴史上の事件、事例があった場合は、往々にして次の政権に替わってから書かれたり、又、一〇〇年くらい後世に書かれる場合も少なくない（例えば信長公記）、書いてもさして問題がないと確認できたときに書き始めることがある。この考え方は、歴史学上、多くの文書は為政者にとって不都合なものは残されないという、哲学的な言い方をされる所以《ゆえん》でもある。筆者はこの見解には懐疑的であるが残念ながら、それを批評出来るほどの見識を持ち合わせていない。

第二節　三種類の異名同本の存在

歴史文書の中には同一の書本が写本されて、その後「筆記」、「日記」、「覚書」、「実記」などと呼ばれていくことも多い（ここで言う「日記」と「筆記」の違いに大差はない）。

それぞれの筆者の自由採用で記載され、其のままその表題が踏襲されているケースもあるようだ（国会図書館、吉川弘文館、八木書店調べ）。

重要文書その一　「梶川与惣兵衛日記」（東京大学総合図書館蔵）

書き手は梶川与惣兵衛頼照であり、全ての総元本であるが、古文書によくある話で、往時の本人が書いた直筆かどうかは断定できない。それ以後から現代に至る迄に、何等かの理由で写本されて、それが現在に至るまで保存されていた可能性が多い。唯一偶然的に、本人直筆の文書が今日まで残されていることの方が、貴重であると言える。但し、昔はコピーという技術はないから、全て手書きである。しかし写本だからいい加減という事にはならない。時間に任せ、キッチリと正確に作業されていたようである。従って写本であっても問題はない。ただ写本でも必要な部分だけ写して、途中で以下略と書いた写本もあるし、実本が筆書きであった物が、誰かの手で翻刻（活字）された書本になって今日に至ることもある。

重要文書その二　「梶川氏日記」（東京大学蔵）。筆書き本

「梶川与惣兵衛日記」の必要なところだけ書き写し、途中に「略」としたものがこの文書である。従って書かれてある部分は二本（梶川氏日記と梶川氏筆記）とも同じであるとされているが、細部に於いて異なるところもあると指摘する学者もいる。

重要文書その三　「梶川氏筆記」（赤穂義人纂書《あこうぎじんさんしょ》、国書刊行会）

纂書とはその項目に関連した書物を集めて、揃えた物の集合体の書名のことで、大抵は中身が第一巻、第二巻といったように収集してから大別している場合が多いので、理解しておいて頂きたい。従ってこの、「梶川氏筆記」なるものは、赤穂事件関係をまとめた書本のうちの、梶川与惣兵衛が書いた文書本ということになる。

この「梶川氏筆記」が一番、詳細にわたり書かれているとみている。これは赤穂事件の二年後に書かれたものを、翻刻したとされている。然し、明治になって翻刻されたようで、現存する三本とも筆者の直筆かどうかは定かでない。旗本儒学者鍋田三善《なべたみつよし》の集本または写本と見ておく。

方向が定まらないとはこのことで、更に、赤穂事件のあった元禄十四年から今日までの三〇〇年の間に「これが本当の忠臣蔵」「事実を語る赤穂浪士」的表題の本が、各方面から出版されて、更に混迷を極めることになっている。学会の定見が不足するから、卑弥呼、本能寺、坂本龍馬の暗殺と赤穂浪士は何通りもの説が自由闊達に流伝されている。

ここでも日本史が彷徨っている所以《ゆえん》であると筆者は直言する。新文書が発見されないと学術的には進展しない。であるにも拘らず、師走になると赤穂物が連発する。底本とされるものが決められないからであろう。従って、ここでは、梶川氏筆記が詳細を語る原本的な文書として説明しよう。筆者はこの三書のどれを見ても、得心の出来ない箇所があり、何故に解釈が曖昧にされているかを読者と同じ視点で、仮説を立てながら考えたい。

「梶川氏筆記」（赤穂義人纂書の一部、梶川与惣兵衛の直筆の写本の翻刻版）

（解説）

梶川与惣兵衛は江戸城留守居番で、いつも通り登城して仕事をしていた。元禄十四年十二月十四日。今朝、五つ時の梶川与惣兵衛がいつもの通りの行動で、城内留守居番としての役向きとおりの仕事をしていた。この日は将軍家の御臺所《みだいどころ》から命じられて下向中の勅使衆に土産物を渡し、丁重に挨拶するべく、大広間の方へ来ていた。梶川は用務の伝達の為、勅使たちの居場所を尋ねていたら、勅使衆は「秋野の間」で待機していたという（野口武彦『公家日記』）。殿中は広い、設計図をざっとみても四〇室以上ある。この言いようは読者の皆さんに対して、如何にもいい加減な印象を与えそうであるが、これが「赤穂事件」が片付けられない理由の二つ目である。殿中図を引用されている、学者諸氏の絵図は殆ど異なるものを見て古文書の解説をされている。共通しているのは大広間、松の廊下、黒書院、白書院、柳の間、中庭くらいで、やたら詳しい絵図もあれば、中心部の事件に関わりそうな部屋だけの図説もあった。それは、当日の梶川の文書表現がはっきりとしない書き方が故に起因する。せめて、この段階で共通認識の史料があればよい。又、後世において異なる解釈が出そうであるから、共通認識が確認されるべきであり、そのようにある事を期待したい。当然、現代とは書き様も文脈も違う。そこで少しずつ解釈が違う。そこが筆者の問題、論点とするところである。この文書の問題箇所を列挙したい。

日本史の重鎮である、高名な学者がよく口にする言葉を借りよう。「歴史家が最も大切にするのは、数ある史料のなかでも日記や手紙である。これらがいちばん信用できる。

その次に同時代の人が書いた覚書である。後世の時代に成立したものは、いくら面白くても二次的な史料としてしか使えない」と明言されている。筆者もこの言葉を肝に銘じて取り組みたい。

問題箇所文（四箇所）、これが事実ならば赤穂事件は全く違ってくる

●問題箇所文書その一「小刀《ちいさかたな》」と「脇差《わきざし》」の違い。

殿中で帯刀出来るのは脇差のみで、殿中に上がるとき大刀《たち》はお預かりとなる。

脇差は尺寸、一尺七寸以下の物（約五〇センチ以下相当）。

小刀は尺寸、一尺三寸以下の物（約四〇センチ以下相当）。小太刀とは違うから注意。

小太刀は、更に大きい。宮本武蔵の二刀流の短い方が小太刀である。又、小太刀流と言って、武術として確立した流儀もある。

この規定は殿中の決まり事の作法ではあったが、段々と脇差が不要なものとなり、脇差の長さが規定を下回り、短くて、帯刀飾《たいとうかざ》り的な存在となった。脇差も武器の役目を果たさないものになっていた。然し、時代は変遷していっても、脇差と小刀の規格はきちんと定義されている。赤穂事件の場合、浅野内匠頭が吉良に斬り付けた時の刀は、古文

書に「小刀」と記録し、他の文献とも一致している。浅野内匠頭も小刀と自供しており、脇差とは言っていない。一見、此の区別になんの意味があるのかと、読者は思われるであろうが、続けて説明していきたい。

脇差は平安の時代から、歴然とした武器で殺傷能力のあるものであり、装飾品であったことはない。又、脇差は狭いところでの戦いの時に使用する、殺傷能力のある武器である。相手の武将の首を獲る時には必ず脇差を使用するものとしていた。これに対して小刀は刃渡り五寸くらいで、今でいうならば、ナイフ程度のもので殺傷能力に欠けるものである（野口武彦『忠臣蔵』五六頁）。もし浅野内匠頭が規定通りの脇差を使用していたら、吉良上野介を殺害できていたかもしれない。浅野内匠頭は果たして本当に、吉良を殺害しようとしていたのであろうか、疑問が残るところである。しかし、小刀でも喉か腹を突けば殺害できたとは、誰もが思っていることである。それが出来ない程、浅野内匠頭は慌てていたのか、それとも武道の心得に欠けていたということであろうか。逃げる吉良の背中を追いかけて、小刀で斬り付ける行動では殺害は出来なかったであろう。大名評判記など他の文書を見れば、浅野内匠頭は短慮ではあっても、体力は充分で大名火消をしていたことは有名な話である。家臣は主君の剛力、暴れん坊の姿に怯えて、勇猛果敢に行動して「辻火消」、「奉書火消」という職まで与えられていた。「奉書火消」の一件はすでに触れた。

どちらにしても浅野内匠頭が吉良を殺害しその目的を果たしていたら、赤穂浪士の吉良邸討ち入りはなかった。討ち入りがなければ「仮名手本忠臣蔵」もなくて、それ以降、今日までの赤穂義士講談と年末映画と歌舞伎の出し物が変わっていた。然し、この事をもって浅野内匠頭の責任として、語るべき要素にはならない。

●問題箇所文その二　梶川与惣兵衛の立ち位置から、吉良上野介の姿は確認できたのか

梶川与惣兵衛の、松の廊下の立ち位置。（松の廊下の）角柱から六、七間（一二メートル位）にいたその場所（二九頁殿中図❶）から、果して白書院（⑯と⑪の交差するところ）の吉良の姿が確認できたのか。白書院の吉良の姿が見えたなら、どうして吉良の背後から斬り付ける浅野内匠頭を、梶川は判別できなかったのかと大きな疑問が残る。吉良と梶川が立話をしていた場所から白書院までは凡そ、三〇メートル以上ある。松の廊下全体では門柱からは四〇メートルの距離があるといわれている。この廊下の長さは二〇一六年に放映された、ＮＨＫの「よみがえる江戸城」で検証された。率直に言おう。梶川と吉良の立ち位置と吉良が浅野に斬り付けられた場所は、幾多の学者が殿中図を持ち込もうと、梶川が白書院附近で確認したとされる吉良のいた場所からはかなり遠いところである。浅野が猛烈な速度で、いきなり飛んできたとしても、これは合理的な説明ができない。この事実はいずれ学会で検証されることになるだろうが、NHKのCGを見なくても、今までの図説であっても、距離は三〇メートル以上の実寸はあった事が示されている。更に、松の廊下から、白書院の間に「桜《さくら》の間《ま》」があり、直接、白書院の吉良の姿は見えなかったはず。この桜の間の一件は、科学が証明する赤穂事件のところで検証する。この桜の間に障子か間仕切りでもあったならば、吉良の姿は全く見えない。このことについては江戸城の関係者に確認したがこんな回答が来た。「元禄の時代の文書絵図がないから正確な判断は出来ないが、障子、唐紙、衝立がなかったとは言えないが、あったとも言えない」。確かにその通りであろう。さらに、事件当日は曇天であったとは「易水連袂録」に見る。往時の季節（三月一四日）を見ても、疑念が起きてよいところではないか。桜の間に何の障子もなく、全くのオープン状態であったであろうか。それでは、饗応接待の控えの場所としては、寒すぎる控えの間になろう。この控えの間は、勅使、院使の公家衆の控えの間ではなく、高家衆の控えの間であるというが、それは確定的な話ではない。公家の下向日記には殿中事件は、「隣の廊下」と書いて、驚きをみせている。今日の「桜の間」は、往時に於いて、「秋野の間」であっても何らおかしくない。この桜の間の疑念よりも更に大きな発見をNHKは見せてくれたが、それは後節に置いておく。この梶川与惣兵衛の（前略）「誰《だれ》やらん吉良殿《きらどの》の後より此間《こないだ》の遺恨《いこん》覚《おぼ》えたるか」（以下略）。誰かわからなかったが、斬り付けるに及び、初めて浅野内匠頭と判別し、取り押さえたとこの文書に書いている。本当にこの梶川氏筆記は古文書といえるのか、読者の方々に御判断頂きたい。

　事件は本当であるが、この梶川の文書は正しい記述がされていたのであろうか。これは単なる古記録ではないのか。この文書は検閲、引き継ぎを正しく為されたのであろうか大きな疑問である。三〇〇年の間、今日まで疑いのない一次史料の古文書と評価され信じられて、日本の歴史文化の主柱となってきた。読者の見立てはどうであろう。

　梶川は大目付の取り調べに対して、自らの刃傷事件に対する対応に何ら落ち度のなかった処理であるという評価の期待と、保身感覚が上回った一面もあったのではないかとみる。上司より調書をとられる立場は、現代と変わりなく、緊張するものではないか。詰る所、取り調べが無事済み、将軍の裁定も下された。しかも、将軍直下の裁断で五〇〇石の加増も与えられた後の記録の中身が、詳細な現場を再現しても結果はもう変わらず、梶川は詳細にわたり現場を再現し、書き溜める必要がどこにもないのではないか。唯、往時の殿中を再現できる文書としてはこの「梶川与惣兵衛文書」しかないということは、まったく正しい。

然し、まだ他にも怪しいところがある。

●問題箇所文その三　梶川氏筆記は公用文書として引き継ぎされたのか

梶川氏筆記は元禄十四年十二月十四日に書いた公用文書とされているらしいが（野口武彦『忠臣蔵』三〇頁）、真相はどうであろう。然し、それが事実であったとしたら幾分疑問が残る。果たして、真実は何処にあるかわからないが、俄かに信じ難い流れのようである。如何に江戸時代であり、当世とは異質で大きく違うと言われても朱子学を中心とした、徳川幕藩体制の厳しい官房学の感覚の中でとても理解できない。此の箇所は原文書を載せて説明しよう。

（釈文）

「此度《こたび》の事ども後々《のちのち》にて存出《ぞんじいだ》し候に、内匠殿心中察入候《たくみどののしんちゅうさついりそうろう》。吉良殿を討留《うちと》め申されず候事、嘸々《さぞさぞ》無念《むねん》にありしならんと存候。誠に不慮《ふりょ》の急変故《きゅうへんゆえ》、前後《ぜんご》の思慮《しりょ》にも及ばず右の如く取《とり》扱《あつか》ひ候事無是非候《そうろうことこれなくあらざるにそうろう》。去《さり》ながら是等《これら》の儀《ぎ》は一己《いっこ》の事《こと》にて、朋友《ほうゆう》への義《ぎ》のみなり。上へ対し候ては、かやうの議論《ぎろん》に及ばぬは勿論《もちろん》なれども、老婆心《ろうばしん》ながら彼是《かれこれ》と存《ぞん》めぐらし候事《こと》も多《おお》く候」（以下略）

引用文が長いが、要点を説明すれば次のようなことである。

（解説）

この一文書は梶川与惣兵衛の感想であり、独り言の部分であると思われたい。「これは個人的な考えであるが、この度の殿中での浅野内匠頭刃傷事件は、その後色々と取り調べ、詳細を知ることになり、浅野内匠頭殿に同情すべき所も沢山ある。役儀上、浅野殿を止めたが、其のままに放置して、吉良上野介を討たせた方が良かったかと思うこともある」と書き留めている。

如何に近世江戸期といえども、公用記としてこんな感想を書いてしまって、次の当番役に引き継いで良いものかと思ってしまう。梶川は吉良の命を救った手柄として、将軍綱吉の裁定により五〇〇石の加増を許されている。野口武彦氏は公用記とされているが、他の学者の文献を筆者は寡聞にして知らない。ちなみに、歴史学大家の山本博文氏は前述の『これが本当の「忠臣蔵」』の中では梶川与惣兵衛の証言を「日記風にまとめている」と書いている（一七頁）が公用文書という言葉は使用されてはいない。この点も今後明らかにされることを、期待したく切に思うが読者は如何であろうか。

　この浅野内匠頭の尋常ならざる行動と、将軍綱吉の即断、極刑については、色々と面白い俗説も見られる。その最たるものは、側用人柳沢吉保の暗躍で浅野は術中にはめられたという、講釈師のような話もある。何れにしても、本当の刃傷事件の直接の動機は、タイムスリップして浅野内匠頭に直接聞くか、新たな文書の発見が必要である。しかし学術的に見ても今少し、論点を絞り込むべきではないかと指摘したい。

　ここで、読み疲れもあろうから、話を少し盛付けてみよう。これは近世文化文学の大書である平戸藩主松浦静山の随筆「甲子夜話」の中の実話エピソードとされている話である。此の「殿中刃傷事件」の後遺症と言える殿中事件があった。それは時の老中田沼《たぬま》意次《おきつぐ》の嫡子《ちゃくし》の若年寄、田沼意知《たぬまおきとも》が新番衆、佐野善左衛門政言《さのぜんざえもんまさこと》により斬り付けられたのである。その時、その場にいた大目付松平対馬守《おおめつけまつだいらつしまのかみ》は、佐野善左衛門の暴挙を取り押えるべき立場にあったが、その殺傷が終るのを見届けてから取り押さえたと言うが、これは遡ること一〇〇年前、浅野が吉良を討ちし時の話を知っていたから、松平対馬守がとっさにした行動と言われている。対馬の対応は誠に武士の情けのある行動よと言われた逸話として松浦静山が、親友、林《はやし》大学頭《だいがくのかみ》述斎《じゅっさい》と話したとその著書「甲子夜話（甲子夜話巻の一の七）」に書いている。武士の鑑よと褒めてもいる。ここらあたりが浅野内匠頭の思わぬ功績だとすれば、こんな評価で褒められても、赤穂の浪士たちの切腹は残念ではないか。なお、此の梶川文書の一節の、浅野に対する同情文については、後日、梶川自身が、話を盛りあげて、書き足したとも言われているが、然しここまで来ると、「古文書」とは初心者が安易に触れられるものではない。梶川が後日、書き足したと言われている根拠がどこにも示されていない方が、梶川頼照本人と同じくらい罪深いと思う。

江戸城の殿中刃傷事件は都合、七件あった。並べてみるが流し読みとされたい。

①一六二八年　加害者　豊島《としま》刑部少輔《ぎょうぶのしょうすけ》明重《あきしげ》（目付）
　　　　　　　被害者　井上《いのうえ》主計頭《しゅけいのかみ》正就《まさなり》（老中横須賀城主六万石）

②一六八四年　加害者　稲葉《いなば》石見守《いわみのかみ》正休《まさやす》（若年寄下館城主一万二千石）又従兄弟
　　　　　　　被害者　堀田《ほった》越前守《えちぜんのかみ》正俊《まさとし》（大老山形城主十一万石）

③一七〇一年　加害者　浅野《あさの》内匠頭《たくみのかみ》長矩《ながのり》（勅使院使馳走役赤穂城主五万三千石）
　　　　　　被害者　吉良《きら》上野介《こうずけのすけ》義央《よしちか》（高家肝煎旗本四千三百石）
④一七二五年　加害者　水野《みずの》隼人正《はやとのしょう》忠恒《ただつね》（松本城主七万石）
　　　　　　被害者　毛利《もうり》主水正《もんどのしょう》師就《もろなり》（長門長府藩第七代藩主）
⑤一七四七年　加害者　板倉《いたくら》修理《しゅうり》勝該《かつかね》（旗本六千石）
　　　　　　被害者　細川《ほそかわ》越中守《えっちゅうのかみ》宗孝《むねたか》（旗本五万四千石）
⑥一七八四年　加害者　佐野《さの》善左衛門《ぜんざえもん》正言《まさこと》（旗本番組番衆五百石）
　　　　　　被害者　田沼《たぬま》山城守《やましろのかみ》意知《おきとも》（意次の嫡子　若年寄役料五千俵）
⑦一八二三年　加害者　松平《まつだいら》外記《げき》（旗本　西丸御書院番番衆）
　　　　　　被害者　本田《ほんだ》伊織《いおり》（旗本　西丸御書院番番衆他）

一読すれば御理解頂けると思うが、殿中のお役目は、基本的に直参《じきさん》旗本か直参譜代の小藩が中心の配置となることが多い。これは「直参」という家臣の立場に、幕府に対する忠誠心を求めての結果であろうが、それでも刃傷事件が多いことがわかる。腹に一物、背に荷物の格言どころではない。これらの事件は明らかに殺害目的である。

●問題箇所文その四

多くの学者が、判然としているようで、その自書の中できちんと解決できていないようなところがある。それは殿中で刃傷事件を起こした浅野内匠頭が、吉良の背後にどの場所から忍び寄って斬り付けたのかという事である。筆者が何故この箇所の文脈を問題にしているかを説明しよう。まず、原文書には此のようにある。ここに敢えて、浅野は吉良の背後に忍び寄ると言っているのは、忍び寄らないと背後に立ちまわることなぞ出来ない。ある程度、距離を詰めてから、吉良上野介に対して「此の間の遺恨覚えたるか」と叫び、宣戦布告をしている。遠方から叫んでの掛込みでは吉良の背後にまわり、斬り付けることは多数の視線もあり、とても出来ないであろう。原文を見よう。

（釈文）

（略）拙者《せっしゃ》の儀《ぎ》今日《きょう》傳奏衆《てんそうしゅう》へ御臺様《みだいさま》よりの御使《おんつかい》を相勤《あいつと》め候間《そうろうあいだ》、諸事《しょじ》宜《よろ》しき様《よう》頼入《たのみいる》由《よし》申《もうし》、内匠殿《たくみどの》心得候《こころえそうろう》とて本座《ほんざ》へ被帰候《かえられそうろう》、（略）とある。（前出赤穂義人纂書　梶川氏筆記の中の一文）

（解説）

この箇所は梶川与惣兵衛と浅野内匠頭が、饗応後の勅使返礼の時間が変更になったから、万事宜しくご対応をして戴きたい、という打ち合わせを松の廊下でした後、「万事承知致しました」として、「浅野内匠頭が自分が座る本来の席に帰りました」という記述の一文である。問題はこの「本座」がどこであるかということであるが、それについて諸説が分かれる。有力説を紹介する。一般的には切腹現場の立会人、大目付《おおめつけ》田村《たむら》右京《うきょう》大夫家《たゆうけ》の文書に「一関藩家《いちのせきはんけ》長岡七兵衛記録《ながおかなな へ え き ろく》」がある。それには「大廊下押し周りにて」となっているらしい。だから浅野が座るべきところは大廊下に面した「馳走役の控えの間」という説になっている。これは全くおかしい。今、問題にしているのは其の「馳走役控えの間」が判然としないから、浅野内匠頭がどこに座していて、どの経路で吉良の背後に辿り着いたかがわからないということである。この説明に合理性など、どこにもない。従ってこの辺の記述について、ある著者は「部屋の中」と言い、又ある者は「廊下の畳座」と言う。田村右京大夫家にある文書によればその廊下に連座している浅野内匠頭長矩、伊達《だて》左京亮《さきょうのすけ》村豊《むらとよ》、高家衆の五、六人そして更に中奥小姓がやはり、一、二人が描かれている説明図であるが、ここに梶川与惣兵衛頼照と吉良上野介義央を入れたら、事件現場に何人の目撃者がいたというのだ。筆者もその図を見たが、俄かに信じ難い。事件現場に二十人以上も関係者がいて、吉良と浅野の立ち回りがわからないとは、故意に話を複雑にする意図を感じてしまうのは筆者だけであろうか。

この浅野内匠頭が事件前に座していた場所が判定できなければ、「柳の間」刃傷現場説が再浮上することにもなろう。前に見たように、柳の間説を支持されている大石慎三郎氏によれば、御三家、御三卿以外の使用が許されていないと言われる松の廊下に、ぞろぞろと二十人も連座させることはそもそも考えられない設定ではないか。松の廊下の威厳も尊厳も全くない。ＮＨＫの描写するＣＧをご覧頂きたい。これでは諸説が幾らでも書ける。仮説を立てよう。読者も考えて頂きたい。

・仮説その一　浅野内匠頭が馳走役控えの間にいた説

この馳走役の「控えの間」がどの部屋を指すのか。誰れの図説にも書かれていない。山本博文氏、野口武彦氏、宮澤誠一氏らの諸学者も自説に沿う絵図を記載されているが、浅野内匠頭が控えていたという部屋は記されていない。この部屋中に浅野内匠頭が座していたとした場合において、部屋の中で浅野が座していて、どうして吉良と梶川の打ち合わせ場所と行動が特定できるのか。それがわからなくて浅野内匠頭は吉良の背後にまわれない。松の廊下は広くて長い。大紋の殿中装束の衣装で引きずりながら、吉良を追いかけられるのか。この説を主張される学者も多いが、どれを読んでも、筆者が得心出来る解説はない。こんな解説もある。大廊下とは松の廊下と御三家、御三卿の全体を指す呼び名であるという。ちょっと苦しい解説ではないか。「梶川氏筆記」を完全な記録とした、古文書としての値打ちが前提の解釈ではないか。梶川文書が詳しく書き入れていなくて、大廊下と書き残していたから、先学諸氏が、苦しい答弁になってきたのではないかと推測する。筆者はこの田村家記の「大廊下着座図」も推量の域を超えた話ではないかとみている。

・仮説その二

浅野内匠頭は勅使、院使の控えの間（松の廊下の襖障子《ふすましょうじ》の裏にある上之間と間と下之間）の前の畳廊下である「松の廊下」に座していた説。此の説を取られる学者先生が多い。

図説A（田村右京大夫家文書の絵図　本書二一九頁）

この説を信じるには、先に書いたように、沢山の人が現場に居たことが前提になる。

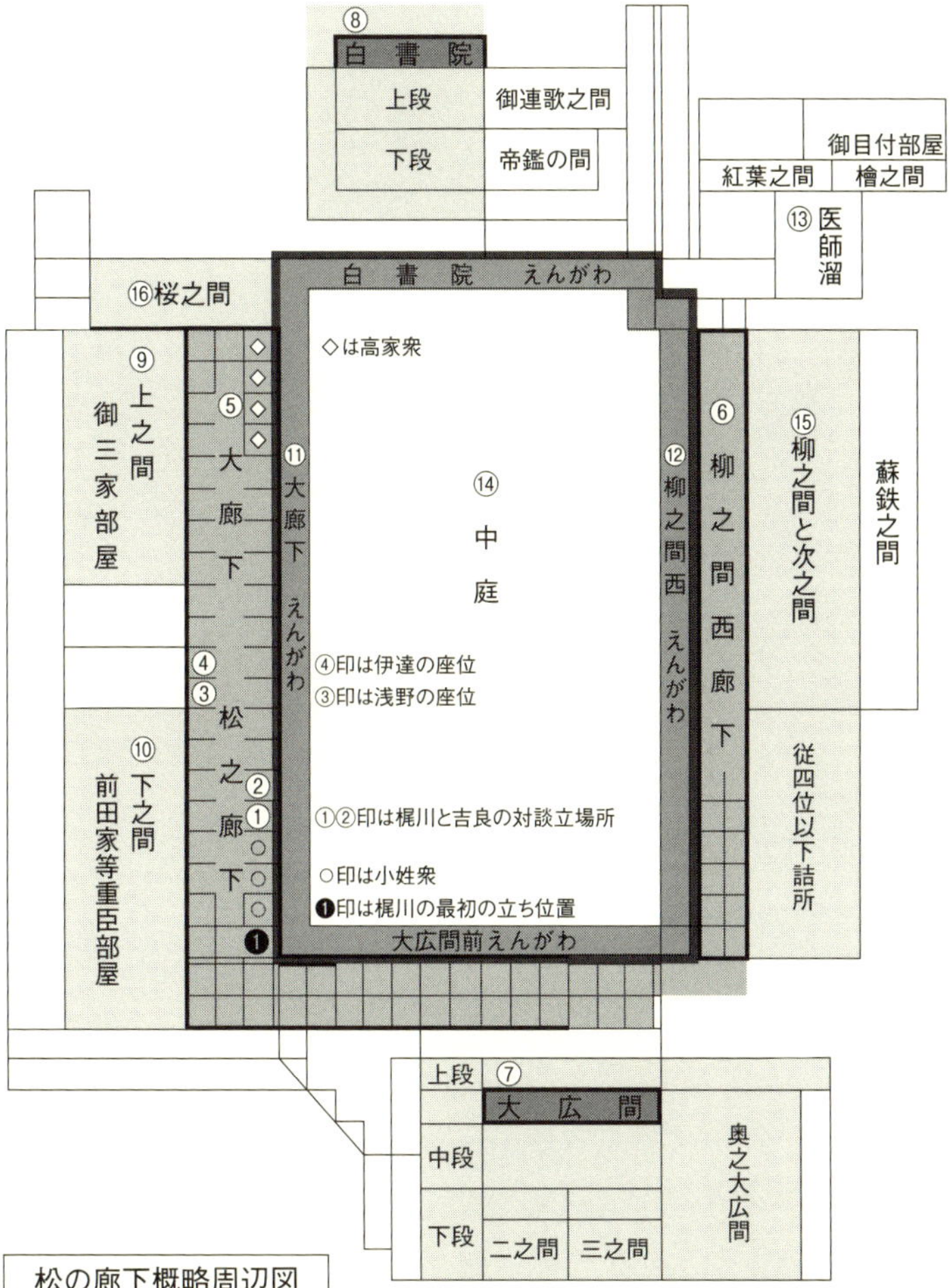

松の廊下概略周辺図

2017.4.24
（NHKのCGを参考に著者作図）
※29頁と同じ図。

図説 A

現場解説をする。読者も想像を逞しくして見てほしい。

前の頁の図のように畳敷きの松の廊下の角柱から、白書院（⑧）よりに三〇メートル位の位置にて梶川与惣兵衛と吉良上野介が打ち合わせをする為に、勅使衆の部屋の前を通る。この場合は斬り付けるタイミングが取りやすい。然し、浅野内匠頭の白書院寄りの院使接待役の伊達左京亮村豊（伊予国吉田藩主三万石）も連座している為に、浅野と伊達は互いに確認出来る。少なくとも、吉良の背後まで忍び込む距離よりも、酷く遠くない。浅野は吉良に対して「此の間の遺恨覚えたるか」と叫び、四回も斬り付け、そのうち二回は斬り付けに成功して、他の二回は空振りである。その間、梶川は「誰であろうかと思ったが最初はよくわからなかった、吉良が梶川の方に、逃げ込み来たからよく見れば、あの浅野殿ではないか」と知り、背後から浅野内匠頭を取り押さえたと、この文書で記述し、老中の事情聴取にも答えている。それでは、何の為に、そこに連座していた高家衆たちは、浅野が立ち上がり吉良に声をかけ、切りかかるまで、何故に黙許《もっきょ》していたのか。その日の、殿中装束は定紋《じょうもん》の裃《かみしも》。浅野が吉良を急ぎ追いかければ衣擦《きぬず》れの音もしよう。尋常ならざる事態がわかろう。これで知らん顔なら、何のために御三家以外使用不可のところに下々の輩《やから》が連座をする。全て役議の粗相《そそう》無き様のはず。単なる高家衆の機嫌取りの顔見せなれば、高家衆二十六人が全て並んでいたら、浅野も吉良討ちはしなかっただろう。松の廊下にこれほどの人数が列座していたら浅野内匠頭も吉良に対する刃傷を躊躇《ちゅうちょ》するのが普通ではないだろうか。若年ではあったが、浅野の横で連座していたはずの伊達村豊《だてむらとよ》（伊予吉田藩主）も浅野の行動を止められなかったとして減俸はなかったのか、大目付の調書取りはなかったのか、どれかひとつでもあれば、赤穂義士の吉良邸討ち入りはない。ここで歴史も変わっている。

筆者が得心のいかないところを四点あげてみた。かなりの高名な学者先生方が、多く同様の書き方をされている。なぜに筆者が問題視するのかというのは、筆者が一読、二読すれば解るような矛盾のある解釈が、長年流布され放題にされているのか、解決しない方が、何でもありで書けるので良いかもしれない。それで「了《りょう》」とするならば、日本史はやはり彷徨い続けるだろう。それならば、日本の歴史は講談かドラマだけにして、試験科目から除外し、自由に楽しめば良いと思うが、読者はどう思われるであろうか。新たな史料が発見されないから前進することは無意味という声があろうが、さりとて放置しておくことも同じ位無意味ではないか、それなりに方向性を示す智恵は出せよう。

次に「多門伝八郎覚書」の説明に移ろう。多門伝八郎重共《おかどでんぱちろうしげとも》（一六五八～一七二三）。

役職は幕府目付役　旗本　七百石　浅野内匠頭切腹副立会人。

重要文書その四　「多門伝八郎覚書《おかどでんぱちろうおぼえがき》」（多門伝八郎筆記ともいう。野口武彦氏は前述の自著『忠臣蔵―赤穂事件・史実の肉声』四一頁に「多門伝八郎筆記」と紹介引用している）

浅野内匠頭は田村右京大夫建顕の御屋敷預かりの身となり、即日切腹となる。実際の執行は翌日の明け方六つ頃（五時）であった。切腹現場の立会人は大目付庄田下総守《しょうだしもうさのかみ》、目付大久保権左衛門忠鎮《おおくぼごんざえもんただしげ》、同輩目付、多門伝八郎重共《しげとも》の三人であった。浅野内匠頭切腹の立会人は大久保権左衛門も同役として、列座したが、多門伝八郎の文書だけ確認されている。この伝八郎という人物は、曰く、「嘘《うそ》つき伝八郎《でんぱちろう》」という評価を付けられているらしいが、それについてはあまり触れるところではない。それよりもどのあたりが不信を招いた記述に当たるか解説しよう。

「多門伝八郎覚書」は原則通り見れば古文書ではなく、古記録と言われるべき文書である。即ち、誰かに伝えようとする目的で書いた文書ではない。然し、梶川与惣兵衛から事件現場で引き継いだ目付役の、継続業務であるからその中身は重要である。梶川は留守居番役であり、たまたま、現場に居合わせただけで、いわゆる調査権はない。寧ろ、事件当事者として取り調べを受けた方である。従って、「多門伝八郎覚書」なる文書の記述内容は確かなものでなくてはならないはず。本物の公用書はここに引用されていないが、どこかに散逸してしまったのかもしれない。だから充分な史料でなくても、手掛かりにして研究されているものとみる。この部分の古記録についての詳細は、野口武彦氏、山本博文氏、宮澤誠一氏の著書を参考に進めたい。

●「多門伝八郎覚書」不信その一　この文書は公用記であったのか

先ず第一に、この文書の書かれた日が特定できていないことでは、三学者とも意見は共通されているように見える。三者三様ではないから、読者にも解かりやすい。しかも、野口武彦氏の見立てによれば、赤穂浪士の吉良邸討ち入りの後であるとも言われるから、古文書の解釈は一筋縄ではいかない。

野口武彦氏は「梶川氏筆記」については公用記として引き継ぎされるべき文書とされている。しかし、この「多門伝八郎覚書」は公用文書とは認識されていなくて、山本博文氏（『これが本当の「忠臣蔵」』小学館）と野口武彦氏（『忠臣蔵』ちくま書店）は公用性に直接触れていない。従って、「梶川氏筆記」とは違って、信憑性に疑念を持たれた書き様である。部分的に、これは伝八郎自身が幾分、自己顕示欲を出し過ぎて、自身の存在を大きく見せようとした様な文脈があると判断されている。その箇所は後で示す。では宮澤誠一氏はどうであろう。宮澤氏はこのように記している。

「浅野と吉良の事情聴取が終わると、四人の目付は、大目付に相談してからその内容を若年寄に伝え、老中列座の席で改めて両人の返答を詳しく報告をした。それから、目付の報告は将軍綱吉へ取り次ぐため側用人の柳沢吉保に伝えられた（中略）」（宮澤誠一『紡ぎ出される「忠臣蔵」』三六頁）とある。ここで多門伝八郎は四人の目付と一緒に報告をしているから、その後、浅野の切腹現場に立ち会い、報告書を書かねばならない立場であろう。仮に、その中身が適当に書かれてあったとしても、処罰処理の現場を語る文書であるはず。ここで信用できないものという学者の立場はどんなものであろう。信用できない内容であったとしても、立ち合い人の現場説明文書であり、そこには上位の大目付庄田下総守も大久保権左衛門忠鎮も同席していた。現に浅野の切腹場所について、多門伝八郎は大目付庄田と議論を戦わしている。これが公用文書でなくて、どう扱えばよいのかわからない。先に見たように山本、野口の両氏は直接、公用文書か否かには触れていない。どうしたものか。

筆者から見れば、「梶川氏筆記」も「多門伝八郎覚書」も似たような性質の文書で、信憑性に大きな相違は感じられない。少し前の話に戻るが、そもそも、先に見た「梶川与惣兵衛日記」と「梶川氏筆記」のいずれの文書も同一人の書いた文書（野口武彦『忠臣蔵』二九頁）であるならば、何故二度も書く必要があろうか。梶川は誰かから、報告を求められたとしても、既に報告書は提出済という態度で、何ら責められるべきではない。それが初回に書いたものの写本であっても良いではないか。何れも公用記と言いながら、必ずしも、事態を正確に表記していることを要求されていない古記録文書であったのではないかと筆者は理解する。なぜならば、将軍綱吉により、**既に処分の内容が決定されて、その通り執行された事件**の報告であるからである。多少、不適切であっても、状況が確定された案件についての報告が、後世の学者が真偽を判別する根拠となりうるであろうかと疑問に思う。筆者は更に疑問がある。この事件の処理に関わった老中、大目付、目付の人数はかなりいる。然し、梶川与惣兵衛と多門伝八郎、田村右京大夫以外は殆ど書き残してはいない。後の大石内蔵助ほか四十六士については、殆ど直接関係ない様な人物でも書き残している。それ以外の関係者の文書は当然、又は必然的に、書かれていただろうが、単に散逸しているだけという判断か。時の老中、大目付、目付辺りが幾分なりとも、家記としてでも残されていてもよさそうなものと感じる。側用人の柳沢吉保の「柳沢家秘蔵実記《やなぎさわけひぞうじっき》」にさえ明確に残されている。周辺の幕閣関係者は敢えて書かなくして、後々、事件に関わることを避けたのではと邪推が働く。幕閣としての、事件報告書があっても何ら不思議ではない。ここで筆者は何も発見できないことを非難しているわけではない。事件をよく見ると、関係者が多い割に一次史料が少なすぎるから、それだけ何通りもの自由解釈のし放題で扱いが緩くなる。学術的な立場から見れば、共通認識の不足が、方向を定められない事の原因のひとつにあるようにも思われてしまう。

この多門伝八郎覚書の最大のパフォーマンス箇所は次の個所の書き様である。

●「多門伝八郎覚書」不信その二

将軍綱吉の裁定に従い、田村右京大夫の屋敷お預かりの身となっていた浅野内匠頭切腹の執行は躊躇することなく行われた。その時、切腹の執行は田村邸の座敷で為されるかと皆思っていたら、大目付庄田下総守の指示によって座敷内ではなく「白州《しらす》にて」と変更されたとある（杢介手控《もくすけてびかえ》）一関田村右京大夫配下（野口武彦『忠臣蔵―赤穂事件・史実の肉声』四一頁）。当初は右京大夫以下、皆座敷で切腹の用意をしていたが、上位の指図によることとで庭先となった。そこで、我らの多門伝八郎等目付四人は合議のうえ、御上位に対して恐れ多くも「五万石之城主」を即日切腹させるとは「余りに手軽之御仕置」であると抗議したところ、既に柳沢に申し上げて決着をみたことであるから、そのように心得よという返事が返ってきた。然し、この返事に多門伝八郎ひとりが納得せずして「…余《あま》り片落《かたおち》之《の》御《お》仕《し》置《おき》……」として若年寄を通じて、再び抗議すると柳沢吉保は立腹して、多門伝八郎は部屋に控えよと命じられたという逸話がある（宮澤誠一『紡ぎ出される「忠臣蔵」』三省堂　一四一頁）。これは多門伝八郎の覚書にあるからといって即座に信ずるべきかどうか疑念が湧くが、一度ならず二度も柳沢吉保に願い出たとなると、俄かに信じ難く、「スタンドプレー」と判断される先学者達の意見に異論はない。しかし、この「白州での切腹処理」について浅野赤穂の本家から、「あまりにも粗末な扱われようである」として、幕府にクレームが入ったという話がある。そこで梶川が老中に働いたと観測している学者の書本もある。それは薄い話ではないかと思う。内匠頭の切腹断行の前に浅野本家が「白州切腹」を事前に知っていて、異議を申し出ていたとは考えにくい。たとえ本家筋が江戸市中に在していたとしても、時刻は明け六つであったというから、朝の五時あたりでは、とても幕府は対応できない。本家の浅野《あさの》安芸《あき》守《かみ》綱長《つなが》（広島浅野）は赤穂城代家老の大石内蔵助に対して、城明け渡しについては使者の手を煩わせないようにして引き渡せとか、一時的な支援金をお願いした大石の嘆願等について、極めて冷淡な対応をしている。この時に限り、幕府の裁断に異議を申し出るというのも信じ難い。泰平の御代に、御公儀に対して悪しき印象を持たれたくないという本心が、安芸浅野本家にもあったであろう。

●「多門伝八郎覚書」不信その三　内匠頭辞世の一句

「風《かぜ》さそふ　花《はな》よりもなを　われはまた　春《はる》の名残《なご》りを　いかにとかせむ」

（解説）

風に吹かれて散る桜の花よりも、ずっと強い、私の此の世に残す思い（吉良を討ち切れず）を、どうすればよいのであろうか。

内匠頭が吉良を討ちそこねたとして残念を一句にしたためたものとしたら、この一文が正しいとすれば、田村右京大夫家で内匠頭を出迎えた田村家の家臣との会話と合致していない。

これは浅野内匠頭の辞世の句として余りにも有名な歌であるが、これは多門伝八郎の自作自演の作品であるという見方が多い。この一句は「多門伝八郎覚書」以外の文書には一切、書かれてはいない。この辞世の句が赤穂藩の膝元文書である「江赤見聞記」に一節も書かれていないと言うのであれば致し方ない。然し、ある専門家によると古文書に事実以外は書いていけないという規定はないと言われる。これはこれでひとつの見識であろうが、それでは何となく落ち着かない。梶川文書には嘘がなく、多門文書は嘘と断ずることに何ら憚らないのならば、それはそれでさらに疑問が残る。多門伝八郎が、浅野の心境をよみ、赤穂の浪士達が討ち入りして、吉良の首を獲りし後に書かれたと言われている。その日まで多門伝八郎が胸の内に抱えて、内匠頭の心情まで思いを込めていただろうかと思えば、それはそれでまた残念な心地がする。更に、深読みの解釈もある。浅野は切腹の時点で吉良を討ち果たしたと思っていたから、此の歌詞は不自然であり、多門伝八郎の自作であると見られている。筆者はその見解に得心し難いが、仮にそうであったとしても、この一句を含めて、この「多門文書」はここまでは信ずるべきものである。それ以外は新説、異説と認定出来ないものであるから一般的に、多く扱うべきことにあらずといったような、最低共通認識があってもよいのではと思うが如何であろう。無論、独自の研究は拘束されるべきではないが、そうでもしないと、まとまりに欠けるものに終始するであろうことを危惧する。方向が定まらず、着地点も見え辛い学問にどのように憧れ、どのように浪漫を語ればよいのであろうか。

多門伝八郎が、その覚書を書いたのは、赤穂浪士の討ち入り後であったと言われている。その時は既に赤穂藩は存在しない。そこに浅野の辞世の句がないとか、他のどの文献にも書かれた様子がないから、信憑性がないということを問題にするなら、その時、その場にいた、庄田や大久保の立会人は、何か文書を残していたのか。誰もが、関わりになりたくない案件として、お上の指示に従っただけではないか。立会人筆頭の田村右京大夫の記録にも無い、「江赤見聞記」に浅野の辞世の句がないから、嘘つき伝八郎の自作自演であるという見識は正当であろうか。浅野はすでに此の世にいない。そこで「江赤見聞記」にあればよいが、記載がなかったから嘘つき伝八郎なのか。

この田村屋敷の白州で切腹させられた浅野内匠頭に世間の同情が集まり、浅野本家（安芸広島（四二万石）もそれを知り、幕閣にクレームを入れた。その結果、幕府はそのような指示はしていない、全て大目付庄田下総守の独断であり、庄田は全責任者として引責切腹をさせられたというが、真相は分からない。ここで読者の古文書について受けられた印象を伺いたいところである。見立てにより、これほど違いが出る文献ならば、誰でも出来るような解読器を用意するのも、文献速読の方法ではないかと思う。古文書の未翻刻が、蔵書の九〇%近く二〇〇〇〇本も蔵庫されている。この事実と古文書の宝を開示して大衆の目に届くようにしたらなにか差支えがあるのであろうか。

第三節　科学が証明する真実

二〇一六年に二度にわたって、「よみがえる江戸城」というドキュメンタリーがNHKでオンエアされた。その時、筆者は今まで、全く予測をする事も出来なかった事実を知った。CGで再現されているため、一層、神々しく華やかに見られた。これが近世史に実在した江戸城かと驚嘆して見つめた。それはそれでよい映像であったが、少し、歴史に興味を持っている愛好家であれば、信じられなかったことが証明されたことがわかると思う。この再現CGは万延元《まんえんがん》年（一八六〇）十一月九日に将軍が移った新築御殿、「万延《まんえん》度《ど》本丸《ほんまる》御殿《ごてん》」を再現したものである（作事方大棟梁甲良氏史料による）。ここで御認識されたいことは、此は、赤穂事件のあった一七〇一年よりも、後年に立て直されたものの設計図であるということだ。赤穂事件のあった時より一六〇年も後に作られたものであり、それ以後の建て直しはないということである。江戸城は赤穂事件以後三回、御殿を焼く大火に見舞われている。江戸には、想像を超える回数の大火があったことを、知っていなくてはいけない。従って赤穂事件の往時と今回再現された殿中造りが同一であったということを断定する限りではない。然し、前にも見たように、京都二条城の造りと似た様との見識もあるようだから、その程度での共通認識とされたい。

NHKのCGより、刃傷の現場を再現し確認する。下図の松の廊下をよく見ていただきたい。本来この廊下は「大

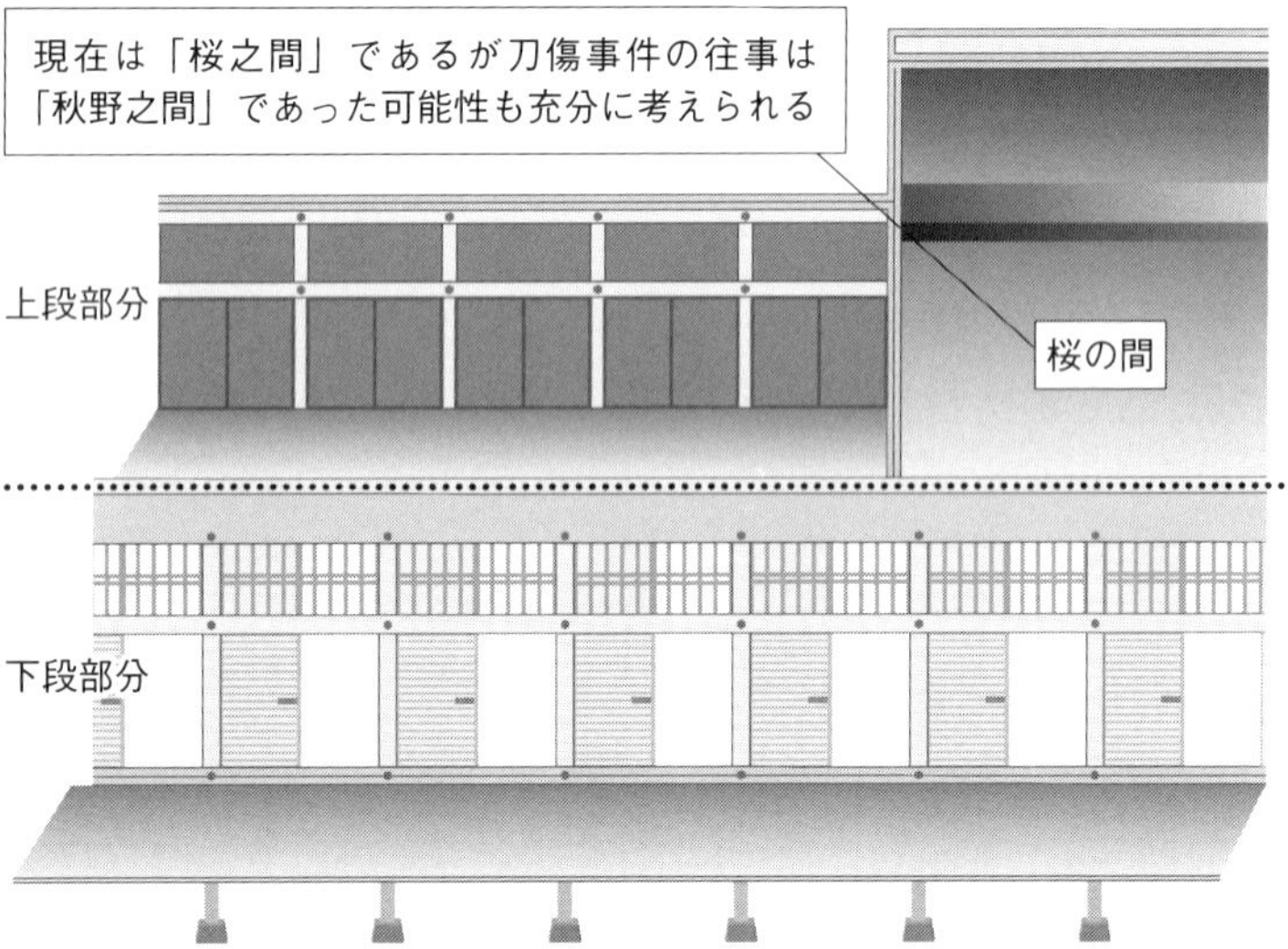

上段部分　松の廊下側面。左側は襖
下段部分　左側は中庭の障子と板戸の図

廊下」と呼ばれていた（右頁下図の下段部分）。

大広間から西へ幅二間（三・六メートル）の廊下が八間半（約一六・七メートル）続き、そこから北へ進み幅二間半の大廊下が南北に二十間半（四〇・四メートル）続いている。その大廊下の西側に沿って松と千鳥の障壁画があり、その裏側には御三家、御三卿の部屋（上之部屋）や加賀金沢藩主《かがかなざわはんしゅ》・越前藩主《えちぜんはんしゅ》・美作津山藩主《みまさかつやまはんしゅ》・上野矢田藩主《こうずけやだはんしゅ》等が将軍に拝謁する為の控室（下之部屋）が並んでいた。八九頁殿中図を参照されたい。

ここから、殿中の検証をしてみる（これよりCG図参照）。

右図下段の板戸と障子のスペースは半分ずつと思って差し支えない。上部に明かり採りと障子部分で、廊下の照明としての役割をなしていたとしても、図のように、板戸は半分を占めるが、取り外すような造りではなかった。従って、浅野が吉良を斬り付けた時には、仮説ではあるが、障子はその時の季節柄（三月十四日）と九つ前（午前十一頃）という時間であるから、中庭と大廊下の照明は確保されていたと想定しても、大きくは誤《あやま》りではないであろう。悪くても視界は曇天、薄明り程度ではないか。それを前提に、読者と推測してみよう。

わかりやすくする為に、松の廊下の先に「桜の間」（図中⑯）に「杉戸」の存在がわかる。別表で案内する（一〇二頁図上段部）。

ＣＧが証明した、松の廊下に板戸があったならば、赤穂事件の刃傷現場はどんな解釈になろうか。

ここからは、歴史話の禁句であるが、「たられば」、「若しあれば」、「若し、なかりせば」、の仮説に終始することをご容赦頂きたい。如何に、ＮＨＫが公共電波で全国に流そうとも、確信のある証明になると断言するものではない。然し、江戸城の御殿造作棟梁であった「甲良家」の設計図の登場と昭和女子大（平井《ひらい》聖《きよし》氏、小粥《おがい》祐子《まさこ》氏）のお二人の努力を評価して、まず信じて仮説を展開する。このＣＧから今までの学会で共通認識の如く語られてきた話が、大きく訂正されねばならないことがわかった。

ＣＧよる新解釈　その一　今までの松の廊下で眺める景色とは違う景色

梶川による現場検証とその古文書としての評価には少なからず、筆者としては異論のあるところを示したと思うが、ここではそこを新たなる手法で検証をされた、板戸の存在でどう変わるかを、読者と共に想像を逞しくしたい。

八九頁の図を見て確認しよう。その廊下の右側は木製の縁側作りである。図の一番手前の部屋は「大広間」であり、面前の景色は御殿の中庭である。大広間と中庭を挟んでいる廊下が松の廊下（通称で大廊下ともいう）という殿中では最も格式の高い廊下と言われ、徳川御三家、御三卿とそれに次ぐ高位の者しか使用を許されない、畳敷きの廊下である。此の松の廊下以外にも、竹の廊下も畳敷仕立てであったが、それ以外は、畳敷き造りの廊下が存在するかどうか筆者は知らない。その畳廊下と中庭の間は、板製の縁側がある造作と想像して頂く。そしてその縁側と畳の間に同じく木製の板戸がある事が今回の放映でわかった。しかも、同時に、その板戸は開閉のしない造りであったことが判明した。読者諸兄には話の拠点を梶川と同じ気持ちになって、大広間の前に置いて進行されたい。その大広間の前から左に進行して、最初の縁側沿いの角柱から検証する。

梶川与惣兵衛はその角柱のところに立って白書院の方を眺めていると思われたい。梶川は勅使衆の行動予定が少し早めに変更になった為、進行の段取りを吉良に確認すべく、白書院の方へ歩を進めた。白書院は梶川の立っていた角柱をまっすぐ進んだ突き当りにある。その距離は40メートル位あると監修者である昭和女子大の平井教授は考証されている。松の廊下は意外に長い。この距離が後で大きな問題となる。もう一度、読者と認識を共有しておく。今の梶川が見る景色は、左側は大廊下の松の絵障子で仕切られている部屋である。その部屋は御三家、御三卿の、そして本日の準主役、勅使衆の控えの間であり、廊下の右サイドは板の間で薄暗い。板戸の上部は明かり採りの襖が取られているから薄暗くても見えない暗さではない。江戸城の造りと同様な造作様式の城と言われている二条城に確認したところ、全く同じ造りかどうかは分からないが、使用できない暗さということではなく、一般的にはあり得るとの証言を得た。然しこの日は天候思わしくなく、曇天である（「易水連袂録」）。さて、梶川の立つ位置は大広間の前から左に移動して、最初の柱である角柱のところである。この位置から白書院の位置を確認しよう。その場所から真っすぐに廊下を板戸沿いに進めば突き当りが白書院である。左側は松の絵障子の仕切りである。つまり、少し薄暗いけれども、障子と板戸の間は、その障子の絵柄と豪華さから、最高の大廊下として使用されていた。

新説に沿って話を進める。前述したように、松の廊下の右側は中庭と廊下を板戸が遮っている。しかもこの板戸は取り外しするような設計にはないことが平井氏によって確認された。同じような造作の二条城（築城一六〇二年）もそのようである（ＮＨＫにて確認）が普通の天候であれば30メートルの距離があっても人相は充分に確認できると二条城の関係者に聞いた。然し、往時の江戸城や二条城の内部の採光のあり方と、同じ条件にありそうではあるが断定はできない。この点はご容赦頂きたい。取り敢えず、この松の廊下の造りを読者との認識として共有したい。

●仮説その一

先ず「柳の間説」から入ろう。浅野は大広間より近くの障子際に座していたと梶川は証言している。梶川から見て、右手方向に居たとする。そこで浅野に勅使衆の返礼式の時間が変更になったことの打ち合わせをして、角柱に戻る。浅野は大広間の右方向の柳の間に近い位置のそこら辺に伊達と連座して時を待つ。一方梶川は角柱から吉良が白書院に戻るのを待つ。高家衆は白書院の前で集合していた。廊下は板戸があるから梶川の立ち位置からは柳の間は全く見えない。従って、ここで「柳の間説」はあり得ないことになる。梶川は角柱の位置に居て、吉良と柳の間の前付近で会談、打ち合わせをしていたということの実証が出来なければならない。これを覆さないと「柳の間説」の浮上は出来ない説となる。こんな展開は全く、筆者も想像はしていなかった。然し、この取り外せない板戸は、松の廊下説の梶川証言にも疑問を抱かせる。話を戻そう。殿中事件は事実のことである。この事件は虚事ではない。そこで問題は梶川の文書がどれだけ信憑性があるかというところある。

●仮説その一に対する結論

「柳の間説」は、大廊下に開かない板戸があることによって、これで赤穂事件の圏外に出たように思う。「柳の間説」の結論は変わらないが、板戸と障子の交互に立てる造作は、松の廊下に限らず殿中の中庭を取り巻く全ての廊下に取り付けてあったと見る方が自然である。それでないと、どの部屋も廊下も、風雪・風雨の防御にならないことは明白である。今回のNHKの画面では再現されていなかったが、これから再現されるのか、それとも甲良家作の図面がなかったのかは、筆者が発言出来ることではない。

●仮説その二

次に「松の廊下説」に移る。やはり読者には、梶川と同じ位置に立って頂きたい。例の角柱のところである。そこから見える景色をもう一度確認しよう。畳敷の松の大廊下を挟んで、右手は板戸、その板戸の隣は木製の縁側であり、それより右は中庭である。扨《さて》、左側は狩野派の描いた襖障子《ふすましょうじ》でその先は「桜の間」の控室までに至る。この桜の間は恐らく高家衆や、白書院に列席するための大名の控える臨時的な部屋であろうが、特に用途を示した文書は見たことがない。自分の図説に書き入れずに解説されている書本もある。これはその著者から見れば説明に採用する材料ではないという判断であろう。

しかし、管見と言われても、筆者の知り置くところで判断しておきたい。左側の松の絵障子の左側に障子の影となって見えない部屋がふたつある。八九頁図説Aで確認されたい。そのふたつの部屋は、御三家、御三卿の控えの間で、手前の大広間に近い方の部屋を「下之間」、白書院に近い方の部屋を「上之間」という。当初は、この松の廊下横の「上下控の間」に、勅使院使等を特別扱いで入室させていたと勝手に思っていた。野口氏の本で即座に浅学知識を反省させられた。今回の勅使の東山《ひがしやま》天皇の勅使、柳原前大納言資廉《やなぎはらさきのだいなごんすけかど》と高野前中納言保春《たかのさきのちゅうなごんやすはる》の二人と、霊元《れいげん》上皇の院使清閑寺《せいかんじ》前大納言熙定《だいなごんひろさだ》は「秋野の間」に控えていた（野口武彦氏）。「関東下向道中記《かんとうげこうどうちゅうき》」なる文書があるから紹介する。

元禄十四年三月
「柳原資廉卿関東下向道中記《やなぎはらすけかどきょうかんとうげこうどうちゅうき》」三九頁（雄山閣）

（釈文）
一、十四日、今日御暇《きょうおんひま》、三人登場、秋ノ野間ニ祇（座していた）、外様馳走人浅野内匠《とざまちそうにんあさのたくみの》頭乱氣歟《かみらんきか》、次ノ廊下ニテ吉良上野介ヲキル、大《おお》ニ騒動絶言語也《そうどうげんごたえなり》、事了《ことおわりて》、疊《たたみ》ナト清《きよ》メラル、（以下略）。

（解説）

（三月）十四日、今日、お勤め（勅使役）終わり三人「秋の野間」に慎みて、控えていた。外様の馳走人役の浅野内匠頭、濫気（気が乱れ）次の廊下にて吉良上野介を切る。大いに騒ぎになった。その場で畳が洗い清められる（以下略）。

その秋野の間に勅使衆が、待機していたのはそれでよい。確認もそれでよい。然し、この説は、得心のいかないところが少し残る。「次ノ廊下ニテ」……。これは次の廊下とは松の廊下と解した方が合理的である。従って、「秋野の間」とは現在の「桜の間」のことなのか。御三家、御三卿の控の間に隣接する部屋とみるべきではないか。この文脈を野口氏は何と解釈されたのであろうかは知らないが、筆者は此の解釈で話を進めたい。松の廊下は、大廊下と言うだけで誰もが知るという豪華な廊下である。この大廊下に対する認識は共有した。しかし、御三家、御三卿から見たら、無才な輩が二五人以上も並んでいるという状態で、苦情が出なかったか疑問が残る。また別の角度から見れば、その御三家が、障子越しに鎮座しているのを承知で浅野は大声を張り上げて、吉良討ちをしたというのか。これでは田村右京大夫家の松の廊下着座図もどんなものであろう。これも俄かに信じ難い説明にしかならない。大廊下が誰でも自由に使用出来たならば、従来、格式があれこれ説明されてきたことが的確な説明とは思えない。赤穂事件特有の盛話ではないか。大石慎三郎氏の「柳の間説」は余りにも残念でしかない。大石氏は自著の中で松の廊下を饗応役が通過することはあり得ないとされている。勅使衆下向の時は松の廊下も全員参加の無礼講状態で雑用の廊下であったかもしれない。

ここから、仮説の本論に入る。

板戸の存在を知らなかったときの解釈は、梶川の文書で既に見た。即ち、中庭を通して曇天ではあったが、採光はそれなりに充分であったと推測する。時刻は九時前《ここのつ》（午前十一時頃）であるから、そのように推測しても無理からぬところ。然し今回は板戸が存在している場合の状況説明である。

板戸による採光の障害は、どの程度であるかは、判断する基準の数値がない。医療機関、厚生労働省等にも尋ねたがありそうになかった。もう一度、認識を読者と共有しよう。大廊下の右側は板戸があり、幾分暗い。それでも真っ暗では使用できない。その為、板戸の上部に、俗にいう、明かり採りの枠障子が細工されていた。先にも見たように、同様な造りの二条城では、通行の使用に不自由はないと言う。然し、往時と今では用途も異なるであろう。殿中廊下で余りにも薄暗ければ、これまた茶坊主が足元用の明かりを用意するはずであろうから、足元が特に不安という事はない。少し豆知識を入れよう。昔、『蛍雪時代』という受験雑誌があった。これは中国の晋国からの伝承文化であるらしいが、文字通り蛍の光と窓際に積もった雪への月の、反射光で読書をするという事例であろうが、可能かどうか確信はない。松の廊下の明かり採りが、廊下の使用を全く不可にするものであったら、不要となる採光の窓は作らないと思われる。この板戸取り付けの目的は、風雨、風雪に耐える為であろう。取り外しが出来ない造りである事の真意は分からない。茶坊主はそれなりに配置されていたから、人手不足という事でもなかろうが、何れにしてもこれが「甲良家」で発見された江戸城の「御殿設計図」から想像する松の廊下の風景である。

●仮説その二に対する結論

松の廊下の右サイドの板戸は、直射日光を遮断はするが、廊下として使用するには不都合はない。然し、当然、普通より暗いと見るべきであろう。従って、明確であったかどうかはべつにして、梶川のいる角柱から四〇メートル近く離れた白書院の吉良の姿を確認することは出来たであろうと思われるが、板戸がないと想定した時（「梶川氏筆記」の古文書を其のまま、解釈した場合）よりは間違いなく見辛いことになろう。因みに、京都二条城も甲良家棟梁が造作に参加しているという話も聞いたことがあるが、真偽のほどは定かではない。

●仮説その三

廊下の板戸は、廊下を薄暗くさせるが、吉良の背後から迫る浅野の顔を確認できなかった程の暗さであったのか。白書院に登場した、吉良の姿を確認できた梶川が吉良の後ろから、大声をあげながら、迫る浅野を認識できなかった事について、先学者達も説明に苦慮する。梶川は白書院に高家衆が集まったことも、確認していると文書にある。吉良の人相まで確認出来たかどうかは、定かではないが、ここに疑問があることは否定出来ない。否定の検証が出来ない以上、梶川の文書が先行するのは理解するが、だからと言って放置して好き放題の解釈をさせておくのが、この世界の常識であろうか。ここでもミステリーにしておけば、事実の検証より話は盛り上がる。余談ではあるが、今も昔も、厠《かわや》の明かりぐらいが、いちばん落ち着ける明るさであるということを、小学校の授業で教えられた記憶がある。現在の事務所での明るさは、五〇〇ルクス〜七〇〇ルクスという設定が多いらしい。

●仮説その三に対する結論

当然の帰結であるが、廊下が板戸で薄暗くなっても、近距離の浅野の人相は判別するに必要な明るさは充分あったと思う。従って「梶川文書」の「誰やらん吉良殿の後ろより、此の間の遺恨覚えたるかと声を掛け切り付け申し候」とあるが此の記述の信憑性は疑わしくなる。読者はどのように判断されよう。

●仮説その四

形が見えた「桜の間」の存在。ここにも今まで語られなかった、障子か衝立《ついたて》の存在がNHKのCGで判明した。

この「桜の間」の場所を確認しよう。筆者の此の案件を取り上げる回数が重なるが、何とも不自然な場所である為、先行学者の絵図にも書き込む人もあれば、全くの無印もある。これはどういうことであろうか。元禄泰平の御世に日本中を話題に巻き込んだ、殿中松の廊下の刃傷事件という、現場の絵図がそれぞれ違う認識でよいのだろうか。何れの絵図が正しいかは、筆者も読者も判断できない。松の廊下の長ささえ違う絵図がある。松の廊下はひとつではないのかと不思議に思う。元禄の往時と現在と、造りがどう違うのか一筆の説明なく、自説を展開されても納得も追従もできない。火災も地震もあったであろうから、往時と現在の実態が一致しないのは誰でも理解しよう。然し、図説はいずれも昭和以降の学者の手による作成である。註釈か共通認識があっても良いではないかと思うと、多分に複雑である。ＮＨＫのＣＧに得心が出来ないという声もあろうが、その不満の声は多数の国民、読者の心に訴えて理解されるであろうか。不本意ならば、昭和女子大学の先生たちの見識を求めたら良いのではと率直に思う。これは非難でも愚痴でもない。誰にでもわかる日本史を学ぶための提言であると思って頂きたい。

●仮説その四に対する結論

この仮説に対する結論は考えれば考える程、疑問が深まるばかりである。現在の「桜の間」が元禄時代の「秋野の間」であって、そこに勅使衆と高家衆が同席で待機していたと見るほうが、勅使の「関東下向道中記」の内容とも符合するから、このほうが合理的な解釈と思うが、読者は如何であろう。従って、松の廊下の隣室の上之間、下之間は幹部専用室で何ら問題はない。

ここからはＮＨＫのＣＧから外れよう。この節の目的である「科学が証明する……」

に戻って考察しよう。ここでは科学というサブタイトルは少し大袈裟であるから「科学的視点」を持ってと幾分、表題を変えたい。

科学的視点による考察

「赤穂事件」適用されない労災保険（「栗崎道有記録」―歴史学者渡辺世祐《よすけ》氏（『正史赤穂義士』光和堂））の「殿中当時の規定」を引用する。

ここからは、大変重要な記述がある。筆者の私も、全くの初認識であり読者も同じ立ち位置で御認識頂きたい。

これは往時の、殿中に於ける事故に対する治療費負担の決め事であったので、ここで紹介しよう。

乱心《らんしん》↓被害者《ひがいしゃ》には、幕府が治療《ちりょう》に責任《せきにん》を持つ。

意趣《いしゅ》↓被害者《ひがいしゃ》は自《みずか》ら治療《ちりょう》に責任《せきにん》を持つ。

「幕府では…刃傷の場合、一方が乱心であった時には、負傷した者の治療は幕府が責任を持たなければならぬ。また乱心でなく、両方意趣があって刃傷に及んだ場合には相対的な手落であるから、負傷者は自分勝手にその手当をすべきであるとの昔からの定がある」

　この規定によれば、幕府は治療から手を引いている訳だから、この刃傷事件を「乱心でなく相対的な手落ち」と裁定していることがわかる。ここらあたりの解釈は、異論の各説があろう。特に、綱吉の浅野内匠頭に対する処罰科刑の理由は別にある。其れについては「綱吉」のテーマのところで記すことにする。殿中での取り決め事では「喧嘩は両成敗ではない」。さらに続けよう。以下、御典医栗崎道有の使用人の記述より。

最初は、幕府は内匠頭様を乱心扱いでした。
内匠頭様は「我慢が出来ないことがあった」と証言。
上野介様は「意趣の覚えはない」と証言。
その結果、幕府は乱心ではないと判断。
それにより、幕府は、治療から手を引きました。

怪我をした最初の内は、老中たちは「内匠頭、乱心にて吉良を切る」という判断でした。この判断により治療については、吉良様は高家衆に色々と指図する役人なので、血も止まらず、元気もなく弱く見える。それでは、栗崎道有殿を呼び出し、治療をするよう判断したと聞こえました。

そういう所へ、取調べに当たっていた役人が、内匠頭様の口上をお聞きなられた所、「乱心にあらず、即座に何とも堪忍が出来ない仕合（勝負・なりゆき）だったので、御座席を穢し無調法（迷惑）をお掛けしたことは申し上げようもありません」という訳で、どうして、どうして乱気には見えませんでしたと証言しました。

さて、吉良様の尋問がなされ、吉良様に「以前より、意趣の覚えはあるか」とのこと、吉良様は「以前より、意趣の覚えはありません」と答えました。

これによって、乱気の判断に至らず、そこで、公儀（幕府）より私たちに、「治療するという指示はなくなった。しかし、道有殿がやって来て出血を止め、元気も強めるよう治療した上は、吉良殿の願いや高家衆が頼む場合は、「道有殿が引き続き治療することは勝手次第という老中よりの仰せがあった」ので、いままで通り、私が治療することになりました、栗崎道有様が調べた傷の程度と、その手当を下記にまとめました。……

（中略）（御典医、「栗崎道有記録」を引用）。

最重要案件であるから、まとめて解説しよう。

先入観があると、少し理解しづらいところがある。番号を追って理解されたい。

①殿中には、次のような御殿の取り決め規則があった。

②その取り決め規則によると、「病気、乱心」は殿中という職場で起きた、勤務中の事故である。従って、今様に言えば、勤務中に起こった事故であり、原則として、労災保険の対象となり、治療費は全額、幕府負担とする。

③その事故が、両者の遺恨、喧嘩を原因とする治療費は、勤務中ではないから、幕府はそれを負担する理由はなく、治療費は各自の自己負担とする。

④従って、吉良、浅野の刃傷事件は、その治療費は各自負担であり、以後の吉良の治療費については、幕府は関与しない。継続して治療を受けたければ、吉良家の方で自主的に栗崎道有と交渉するようにされること。

⑤殿中で公職中の事故は喧嘩両成敗ではないと、ここでまた再確認をしておく。

この結果から見れば、赤穂藩士の吉良に対する討ち入り理由は全くない。前にも見たように、上杉家は吉良の討たれた首を、此の栗崎道有の治療により、泉岳寺より受け取り胴体と縫い付けてもらい、高額な治療費を払ったと此の「栗崎道有記録」にある。綱吉が下した裁定の理由は別にあるが、「赤穂事件」は巷間、語られる理由の「喧嘩両成敗」ではない事が判然としていたら、吉良邸討ち入りはなかったかも知れない。仮説であるが、これが事件の真相ならば、「仮名手本忠臣蔵」の筋は違っていた。だとしたら、三〇〇年の伝統的、師走の恒例イベントは消えていたかもしれない。この解釈が充分であるかどうかは分からないが、この渡辺世祐氏の解釈も捨てられない。少し話を続けたい気を持てるような話があるから紹介しよう。吉良上野介の嫡男ではあったが、訳あって上杉家の養子となった、吉良左兵衛という上杉藩主がいる。赤穂事件の関係者として、一身に不評を買っていた。曰く、赤穂浪士達に討たれ、首をはねられた実父の死骸を見つめて、胴体と離れた首は見たくもない。引き取ることはしないという態度をとったと言って、さらに、不評を買ったとある。然し、「栗崎道有記録」には、実父の上野介の首と胴体を縫い付けるために、高額の治療費を支払ったと残されている。実の子としては、それなりの対応であるのではないかと思う。確かに吉良の行動は、親子でも嫌う一面もあったかもしれない。上杉の家老、千坂兵部が吉良に向かって、「赤穂の浪士たちの復讐が怖ければ、今のうちに、お腹を召されてはどうか」と進言したともいうが、何れの話も俗説であり、真偽のほどは分からない。分かるのは何がなんでも、吉良上野介悪人説で纏《まと》めようという空気を感じてしまうのは、筆者の懐疑心によるものであろうか、読者は如何にみられるか。栗崎文書は充分に、読者を説得してもらいたいから、内容を盛り付けなく科学的に説明をしたつもりである。話を次に進めよう。

筆者は前にも見たように、ここでも浅野の刃傷事件の武器の使用に拘る。今一度、読者も現場に戻られたい。「小刀《ちいさがたな》」のサイズは漠と言えば、三〇センチ位で、脇差は五〇センチとする。この長さの鉄棒を振ってみてほしい。明らかに、振り応えが違う。この鉄棒でキャベツか大根を叩けば分かる。どこがどれだけ切れたか斬り付けた本人が感触ではっきりと分かる。肉屋の主人でも同意してくれると思う。吉良をどの程度、傷めつけたか本人が分かっている。正面から、両手で握り締め、腹部でも胸部でも突けば良かったが出来なかった。そこが浅野自身の最も悔やまれるところであろう。喧嘩と武道の違いであるかもしれないが、分からない。従って浅野が梶川に吉良の具合を尋ねたという文書の下りは信憑性に欠けよう。これについて田村右京大夫家の文書に、浅野の太刀で、高齢の吉良も深手であるまいかという、浅野に対する返答を用意していたとの文書もあるというが、それは、何も結末を知らずに、死にゆく浅野に対する餞別的な盛り付け話のようにも思えるがどうであろう。野球のバットを振られたらよい。違いがすぐにわかるということが読者でも体感できよう。物理的に考えてもわかりそうな感じでもある。

次に梶川の文書によると、浅野が吉良に斬り付けた行為は何回であろう。ある本には、額の疵《きず》の長さだけが表示されている。背中の疵について浅いとある。背中の疵は文中で説明をするのにあたって、たいした要素ではないと判断されたことであろう。それはそれでよいと思う。また別の本を見よう。額の疵は三寸六分で背中の疵は六寸で軽傷であると二か所の説明が入っている。次の本を紹介する。やはり、浅野は吉良に二太刀浴びせたとあるが、傷ついた箇所は二か所であり、攻撃した回数については、全く書かれていない。この三本の文章から、読者諸兄に浅野は吉良に対して、合計して何回斬り付けたと判断すればよいのかと伺いたい。梶川の文書にはこのようにある。浅野は吉良の背後から「此の間の遺恨覚えたるか」と斬り付けた。声を聞いた吉良は振り向いた。そこへ浅野が一回目の太刀を浴びせた。それが額に損傷を与え、三寸六分の疵を負わせた。吉良は驚いて梶川の方へ背走した。ここへ浅野の二の太刀が吉良を襲ったが、実は浅野はその他に二回斬り付け、合計四回斬り付けている。四回のうち二回がから振りしている。梶川が阻止したのかもしれないが、文書には四回斬り付けたと書いてある。この三冊の本は読者にきちんと現場を検証させてはいない。最初の紹介本には額の疵の長さは記しているが、背中の疵の長さは紹介していない。二つ目の本は二か所の疵を紹介しているが、空振りの数はいれていない。三番目の本は何回斬り付けようとそれは問題にせず（その筆者を知る学者の意見）と言う事であるらしい。それぞれの記載は書いた方から見れば、何ら解釈に齟齬《そご》は出ない。然し、梶川の文書は唯一、現場を物語る一次史料であるはずだが、読者には四回振って、二回の空振りは、如何に浅野が焦った行動をしたか、如何に無念さが残るか、体力はあっても、喧嘩と武道の違いの重要な判断材料にも、読者の読みようで与える臨場感もインパクトも全く違って来る。お手盛り話ではなく、事実を語る唯一の文書であるはず。如何に自由な解釈が許されるとしても、此の各学者達の自由な表記の仕方は如何にも、親切に欠けるのではないかと思ってしまう。一次文書も解釈がこれほど違えば読者には解らない。歴史の学術本であるなら、全く問題はない。然し、これらの本はいずれも初心者用の新書扱いである。歴史に学ぶ賢者になる機会を損失してしまったと思う人はいない。誰も気が付かないから、そんな憤慨もない。

ここでは実証主義は余り大事にされていないようだ。知る者だけが知ればよいという枠から、離れられていないように思うが、読者はどのように思われよう。我々、初心者も古文書その他の知識の習得について、前を向いて学ぶべきであろうが、初学者にも期待を持たせる解説が欲しい。

因みに、歴史愛好家は毛筆書の文書をやたら有難がってしまう傾向にあることは否定できない。毛筆は明治、大正、昭和の最近まで、一般に普通に使用されていたことを知っておこう。

中間管理職、重臣家老の人事評価は適切か

「赤穂事件」に登場する家老は沢山いるが、各藩から各ふたり登場して頂こう。先ず、元禄往時の管理職の時代認識を知る古記録があるから見てみよう。

「柳澤秘蔵実記《やなぎさわひぞうじっき》」（甲斐叢書第三巻・第一書房）、この記録は五代将軍綱吉の側用人であった柳沢吉保の家記録であり、その多くはお抱え儒学者志村三左衛門《しむらさんざえもん》、尾久惣右衛門《おきゅうそうえもん》（荻生徂徠）と柳沢吉保との談義を収録したものである。作者は荻生徂徠の門弟と言われている。

一文を引用する。（六三頁）

（釈文）

「六、換言《かんげん》を忠臣之儀《ちゅうしんのぎ》と思召候事《おぼしめしそうろうこと》」

（前略）先年牧野備後守《まきのびんごかみ》殿は三度《さんど》御諫申上《おいさめもうしあげ》御用《ごよう》ひ《い》不被成《なされず》候《そうら》へば、其上は善悪共《ぜんあくとも》に御上《おかみ》と一体《いったい》と被申候《もうされそうろう》にて候、家計にて家潰《いえつぶ》れ比例《ひれい》も多き事に候其《そうろうその》家老《かろう》たる者の、勘辨《かんべん》可仕《し》事《ごと》第一《だいいちとすべし》と被為思召候《おぼしめしなされそうろう》よし彼是《かれこれ》御《おん》意《い》被遊候《あそばされそうろう》。

（解説）

「先年の側用人の牧野備後守成貞《なりさだ》（柳沢吉保の側用人の先輩でその時の家老職）殿は綱吉様に良いこと悪いこと全てご諫言を申し上げてその後、その家が潰れることはよくあるが全て家老の仕事次第であると教えられ、仕事が第一であると考え、思われておられます。」

詰まるところ、その家がどうなるかの結果は家老の出来次第であり、主君は関係ないということのようである。仕事の出来る部下が全てを導くという、中間監理職には、嬉しいような気もする。但しそれに見合うだけのリターンがあればよいが、筆者も読者も大石内蔵助の覚悟が持てるかどうかその辺は怪しい。

然し、ここまでは今日の時代と比べても大きくは違わないから家老としてはよいのではないかと判断しよう。

ところが、荻生徂徠は次の項目で、赤穂の城代家老、大石内蔵助をバッサリと切り捨てている。

以下は「柳澤秘蔵実記」（六四頁）より引用する。

（釈文）

「七《ななつ》、御上江《おかみへ》の御奉公依《おんほうこうえ》姑贔負無之様《こひいきこれなきよう》にと思召候事《おぼしめしそうろうこと》」

元禄の頃、浅野内匠頭長矩公《あさのたくみのかみながのりこう》之元御家来《もとごけらい》、浪人者大石内蔵助始《ろうにんものおおいしくらのすけはじめ》、傍輩《ぼうばい》四十六人之輩《やから》、吉良《きら》上野介義央公《こうずけのすけよしちかこう》の御屋敷へ忍込、亡君之仇之由《ぼうくんのあだうちのよし》にて上野介殿を討取《うちと》りて、亡君之御菩提《ぼうくんのごぼだい》

所泉岳寺《ところせんがくじ》へ供養《くよう》に備《そな》へて、上之御成敗《おかみのごせいばい》を伺《うかが》ひし故《ゆえ》……（中略）
聖人《せいじん》の教《おしえ》に候當時忠孝《とうじちゅうこう》の道《みち》は上《おかみ》にて御政務《ごせいむ》の第一と被遊候御儀之處《あそばされそうろうおんぎのところ》、假《かり》にも其趣意《そのしゅい》にて相目論見候者《あいもくろみそうろうは》、御成敗《ごせいばい》を盗賊《とうぞく》の御取捌《おとりさばき》とは、さりとは無御情儀《おなさけなきぎ》に候、忠孝《ちゅうこう》を心懸《こころがけ》にていたし候もの、盗賊《とうぞく》と相成候例《あいなりそうろうたとえ》に候《そうら》はゞ不義不思《ふぎふし》の心懸之《こころがけの》もの、御取捌《おんとりさばき》は如何《いかが》にて可然《しかるべき》哉《や》、……（中略）

（解説）

「七、上様（綱吉）に対するお勤めは、皆よく理解して、片手落ちのない御奉公をするように常に心掛けする事です」

元禄の頃でしたが、浅野内匠頭長矩公の元家来で、浪人者の大石内蔵助を始めとして四十六人の輩が吉良上野介義央公の屋敷に討ち入り、亡君の仇討ちとして、上野介殿を討ちとり、亡君の菩提所泉岳寺に、そのうち取りし首を、供養に備えたうえで、お上の自分たちの所業について御裁断を待つという態度……（中略）

凡そ、聖人（儒学者、綱吉も含む）の教えに忠孝の在り方は政務を第一の本分とすべきと仰せられている。其の御趣旨をわかっていたら、政務をせずに、討ち入りをして、盗賊の行為のようで、御公儀に取り捌きをお願いするとは、同情すべきところもなし。忠孝を心掛けていても、盗賊となってしまったら、そのような不義、不信の傍輩をどのように裁けばよいというのか（中略）と柳沢家では嘆き怒っていた。つまり、大石内蔵助他四六士達の吉良討ち行動は、ここでは夜盗の行為と何ら変わりなし、という見方をしていた。其のうえで反省もせずお上に、御老中の御捌きを求めるという態度はとんでもないと評している。然し、荻生徂徠は日を変えて、見事に変節をしていく（その部分については、儒学者たちの「就活運動」で説明する）。

赤穂藩城代家老大石内蔵助の行為は、政務とは遠い所業で、勤務外手当も残業手当も出ない。家臣ではなく、単なる浪人たち、暴徒の行為でしかない。この暴徒と酷評された彼らの決死の行動が、後世に於いて「仮名手本忠臣蔵」を核にして、三〇〇年の華の街道を走ることになる。

さて、前置きはこれくらいにして、時に殿中で最も実権を握っていたと言われる側用人の秘蔵実記を紹介したのは、全国諸藩の繁栄、沈下もそこの重臣城代家老の器量の全てに掛かると、吉保、徂徠の会談で確信を持って論評を下しているところが肝心である。この時代で此の判断はまともすぎるではないか。読者に認識頂き、自分の身の回りと比べ、歴史に学ぶ賢者になってもらいたい。それではこの部分を筆者と、共通の認識としてもらい、次の家老七人の人事の評価をしてみよう。題して「家老評判記」。

①赤穂藩城代家老（筆頭家老、部長次長クラス）

大石内蔵助良雄《よしお》　一五〇〇石（一六五九〜一七〇三）伊藤仁斎に儒学を学ぶ。兵法は山鹿流、東軍流の剣法。

ここで、大石を語るのは、本来、すっきりしない。既にその評価については見てきたが、少し加えよう。常に赤穂事件の英雄として語られてきた。日本人として余り悪い評価はないが、性格として慎重、熟慮型である。部下の話はしっかりと聞くスタンスはぶれない。知性派として歴史上に描かれている。歴代の映画俳優は、頼りのある壮年の男で常に女の影有り。とにかくいいことばかり並べられる。

然し、一方ではそれなりの悪評も聞く。昼行燈として語られることもあるからそのあたりに触れる。この頃の幕藩体制は泰平となり参勤交代の制度も緩み、当初のように隔年、お江戸に出仕ではなく、お目こぼしもあった。それに、往時の大名生活の実態に詳しい「甲子夜話」などを見れば、お国入りする大名が、何だかんだと理由をつけて、江戸を離れたがらない。つまり、自分の領地はお江戸に比べたら田舎である。お江戸暮らしのほうが何かと面白いという、お殿様の気持ちが、行動に表れてきたという逸話が残る。従って自藩の治政は全て、城代家老任せが普通。「柳澤秘蔵実記」にあったように、その藩が栄えるか否かは全て、現場の中間管理職の実力で決まる。これは先に見たように、決して大袈裟な表現ではない。赤穂藩がお抱えとした学者は山鹿素行という兵法者であり、儒学者でもある。彼の教えの中に「武士は民の指導者たるべき立場である。常に己に厳しく啓蒙する可。君主は時として代を替えるが常。民と領地は替わるものでなし、慈《いつく》しめ」と教えている。

　この話は儒学のところで詳しく説明を用意する。「君《くん》、君足《くんた》らずとも、臣《しん》、臣足《しんた》れ」ということであろう。それで、どこが昼行燈かということであるが、昼の行燈に灯を入れても、照明の道具として、役立たない不要な存在。普段は何処に居るかわからない存在であると言いたいのであろうが盛話である。日頃から、大石は内匠頭の教育に心血を注いで、君主教育していなかったから、このような結果を招いた。臣が臣足る役儀を果たしてないという論法は、「柳澤秘蔵実記」にもあったから、全く見当ちがいでもあるまいが、中間管理職は出過ぎても危うい。大石の評価は一般にしてよいと説いてきたが、真の兵法学者はまず第一に「浅野家再興を願うとした大石の作戦は全くの素人作戦であると酷評している。もしお家再興を願い待ち続けている間に「吉良様、御高齢につき病死」の一報が江戸表より赤穂に届けられたら赤穂の浪士たちは「吉良の首も討てず切腹することも出来ず」。それでは仮名手本忠臣蔵主役にもなれない。何とすべきか。結果が良ければ、理屈は何とでも後から付いてくるのはいつの時代も同じか。

②赤穂藩家老（末席家老、課長、課長代理クラス）財務担当

大野九郎兵衛　六五〇石（生没不詳）

大野九郎兵衛は決して、良い管理者としては語られたことはない。俗説、逸話の類であるが、然し、財務担当であった事は間違いないから、無役とは大きな違いがある。大野九郎兵衛は赤穂の隠れたる財源の塩業に深く関与して、赤穂藩の財源をよしなにして産業化している。前にも見たように、石高は五万三〇〇〇石と、御公儀で定められているから隠しようもないが、赤穂の塩の収入は隠密でも定かには出来ない副業。この副収入が「赤穂事件」を引き起こしたと言えば大袈裟だが、豊かな領地を持つと城主の謙虚

さは無くなる。これは現代においても、思い当たる話であろう。大野は、城代家老大石内蔵助が主君亡きあとの藩と家臣の行方を案じて、台所事情を問うに曰く、御公儀に抗うことは宜しくない、家臣の裁定に従って粛々とするべしと主張した。赤穂の藩札を処分した後の残金は一万六四〇〇両であったが、浅野の未亡人「瑶泉院《ようぜんいん》」の持参金やお家再興の資金などを差し引いた金を現存の家臣に配布することにした。この時、九郎兵衛は現存の禄高に比例した配分をするべきと主張したが、大石の反対で配分は上に薄く、下に厚くの配分を実践し、財務担当の管理職はそれなりの努力する姿を見せた。残念ながら、彼は吉良討ち行動に参加しないで静かに消えた。だから赤穂義士伝の盛話に乗せてもらっていない分、「非義士」、「裏切者」と言う声まで残し、常に悪い評価とされるタイプであろう。ある種のリストラと同じで、同情されても良い立場かもしれない。ここらあたりの話は多分に手盛られたところであり、真実の判別は現時点では難しい。野口武彦氏の言に、赤穂応援文書の「江赤見聞記」も後半は信じ難いところもあるが如きコメントもある。数ある文献の中には、書かれた日付すら怪しいものがあっても、風雪を浴びて程よき状態になり、それが古物の評価を上げてしまっているのもあるかもしれない。

③赤穂藩江戸家老　八〇〇石（大石に次ぐ次席家老、次長クラス）
　藤井又左衛門　生没不詳
　筆者もよくは知らない。ならばなぜここに引用したかということであろうが、筆者の少ない知識であるが、一言付け加えたい。この藤井又左衛門と江戸詰め家老の安井彦右衛門（六五〇石）は記さねばならない。この藤井と安井がもう少し、家老職として差配宜しく立ち回り、主君に貢献するべく仕事をしていたら、浅野内匠頭の刃傷事件は起きなかったかもしれない。事件当時、現場監督として言い訳のならない立場であるはず。しかも堀部安兵衛らの先頭に立ちこそすれ、その行方については全くの知らん顔である。こうなれば、事実なぞどうでもよく、不義の悪者一色でしか語られない。今日の会社勤めでも濡れ衣で弁明も許されずに退社という事もあろう。読者の周辺にはこんな不合理はないと思いたい。
　この江戸家老の両名が、大石の浅野家、お家再興の嘆願書を受け取ったが、幕府の目付不在であった為、その手紙の内容を広島浅野本家に相談してしまったことを、不手際と批難する話もある。何故に筆頭家老の大石の指示を受けなかったかという業務の基本である、まず上司にするべき「報・連・相」の欠如であろうが、浅野本家の江戸屋敷に助けを求めた行為は、それほど不適当とは思えない。「報・連・相」するには大石の居る赤穂は遠い。然し、歴史は彼らに風聞の良い評価はしていない。

④高家吉良家家老（課長クラス相当）

小林平八郎（生年不明～一七〇三）赤穂浪士との交戦で没。

吉良家の家老とも言われるが、上杉の家老とも言われ、定かではない。

歴史上、語るには生没が不明の場合は重要人物でないことが多い。大石赤穂浪士達と交戦し死す。それ以上は詳細不明である。一見、玄人筋に受けそうなキャラクターに描かれているが、それ以上でも以下でもない。

⑤米沢上杉藩江戸家老（次課長クラス）外交担当

千坂兵部高房（一六三八～一七〇〇）

一七〇〇年に没したということは、吉良の葬儀には参加していないが、劇の中ではよく登場する江戸家老である。吉良側の重臣として小林、千坂のコンビで登場するも、これも多くは分からない。赤穂浪士以外は不要な人物であるということか。「仮名手本忠臣蔵」の芝居がなければ、全く存在すら知られていないことであろう。

以上が、赤穂事件を取り巻く、外野からの関係人物の紹介である。玄人筋にはよいと思い紹介したが、すこしは有益な話になればよい。

⑥堀部安兵衛武庸《ほりべやすべえたけつね》（養子前の姓は中山）二〇〇石

堀部安兵衛武庸は「中途採用」の赤穂義士である。吉良邸討ち入りについては、大活躍で有名な人物である。今日の赤穂映画では必ずと言っていいほど、登場させるほどのモテ男である。何故にそれほど重要な存在であったかということであるが、それこそ、知る人は知るという存在であるが、高田馬場での決闘で名を馳せ、その腕を買われて、堀部弥衛《ほりべやへえ》の婿養子となり家督を相続した。その結果、赤穂藩の外様家臣となり、赤穂事件に遭遇したことは、読者の方々も御存じであろう。

その時、赤穂での吉良対応策は城代家老の大石中心の考が大勢を占め、内匠頭の実弟の浅野大学《あさのだいがく》をもって浅野家のお家再興を考えて、御公儀の裁定に期待していた。その時、この堀部安兵衛は「自分は浅野内匠頭に御取り立て頂いた身である。主君は、生涯ただひとり。浅野内匠頭の他はなし。浅野大学の家臣にあらず。吉良の首、獲らずにおくものか」との決め台詞を吐く。ここで舞台の堀部役に大拍手という流れで、長い舞台歴史のお決まり。然し、歴史学的に見るとそこではない。堀部は自筆の日記「堀部《ほりべ》安兵衛《やすべえ》武《たけ》庸《つね》筆記《ひっき》」を残し、その中で、江戸急進派の心理状態を克明に記載し、価値ある文書として残されており、往時の時代背景を検証することに大変に貴重な文書と評価されている。この堀部は管理職ではないが、組織のなかで幾分出すぎた感の立場であるが、中途採用でも、意見の具中の内容が良ければ、周囲を動かせるという実証ではないか。

⑦伊達《だて》左京亮《さきょうのすけ》村豊《むらとよ》　伊予吉田藩主　三〇〇〇〇石（一六八二〜一七三七）

もう一人是非、紹介したい人物がいる。それは浅野内匠頭と殿中で饗応役を拝座していた村豊である。既にその立場と名前は前述通りであるが、歴史に詳しい読者は、伊予の国に何故に伊達藩あるのかと思われて、疑念をお持ちの方もおられようから、ここに説明を一部加えたい。四国の伊達家は宇和島藩の伊達秀宗が慶長十九年（一六一四）初代藩主として、仙台藩から、領地入りしたことより始まる。この伊達秀宗は仙台伊達藩の伊達政宗の長男であるが、政宗は仙台藩を取らせず、宇和島藩に入植させた（現在の愛媛県宇和島市）。此の経緯は更にややこしい話になるから、ここで止める。其の伊達宇和島藩の隣領地に、分家的存在で伊予吉田藩がある（現在の愛媛県伊予吉田市）。伊達村豊はその三代目の藩主で、十七歳であったが、今回、浅野と同役として饗応役を拝した時は十九歳であった。浅野も十七歳で、初回饗応役を勤めたことは、読者は既に承知である。加えて、此の伊達村豊は十五歳で初回饗応役を勤めているほかに、数回の公役を勤めあげていると、伊予吉田町は胸を張る。そこには、江戸家老の萩野七郎兵衛《はぎのしちろうべえ》の差配があり、その功績が多いことも話を繋ぐ。その江戸家老としての哲学が見られる。上位に対してのお勤めは完全に復し、長いもの、強いものには巻かれろ、それも中途半端でなく徹底的に巻かれるべし。斯《か》くある強固な姿勢で、吉良に対する礼金も百両以上揃えて準備していたという。そんな伊達の対応に対して、浅野の評判も色々口さがなく語られたとあるが、全て伝承であり、定かなものはないと話を締めた。言外、伊予吉田町としては浅野公に対する批評は発言したくないといった様子である。課長評判記も後半は、駄文にしてこじつけた物言いをしてしまったが、ついでに流し読みをされたい。更に必要となれば「冷光君御伝記《れいこうくんおんでんき》」や「赤穂鍾秀記《あこうかねひでき》」をご一読頂ければ、更に、歴史の造詣に深い御人《ごじん》となって頂けると思う。課長評判記はこれで終わることにする。

長い説明が続いたから、古文書豆知識を届けることにするが、既に充分な知識をお持ちの方は、飛ばして前に進まれたい。

筆者が先に紹介した古文書のところで、田村右京大夫の使用人で「杢介《もくすけ》」を記して示した。この名前の読み方であるが「杢《もく》」の字は国字であって、「もく」としか読めない。この文字は日本語で、日本にしか存在しない。同様に「切手《きって》」という言葉も国字であり、漢字熟語ではないから、漢和辞典には載せないのが普通である。然し、古文書には、専門家ですら読めない文字が頻出する。こんな時、どう読むかと言えば、全て音読みでいく。不確かな訓読みは失点対象となり、音読みで取り敢えず流して置き、あとできちんと処理をして補う。漢字は中国の文字を文化のひとつとして、輸入、伝来したものである。他方、訓読みは日本独自の創作読みの漢字とも言えるものである。漢字から派生した文字である平仮名文字も日本の独自の文化。余談であるが、日本文学の極みである「源氏物語」や「枕草子」、「平家物語」は中国でも人気文学として紹介されていることを留学生に教えられた。

第三章　徳川幕藩体制

第一節　徳川幕藩体制とはどんなものか

徳川幕府とは、文字通り徳川家康が、朝廷より征夷大将軍の宣下を受けて、江戸市中に日本国の統治の場所とし、幕府を開設した（一六〇三年）場所と執政の権威をさして言う。その徳川幕府はどんな政権であったかを粗略ではあるが解説をしておきたい。そして五代将軍徳川綱吉がどんな順序で位置していたかを共通認識として確認しておく必要がある。

第一代征夷大将軍　徳川家康　将軍在位（一六〇三～一六〇五）　二年間
第二代征夷大将軍　徳川秀忠　将軍在位（一六〇五～一六二三）　十八年間

第三代征夷大将軍　徳川家光　将軍在位（一六二三～一六五一）二十八年間
第四代征夷大将軍　徳川家綱　将軍在位（一六五一～一六八〇）二十九年間
第五代征夷大将軍　徳川綱吉　将軍在位（一六八〇～一七〇九）二十九年間
第八代征夷大将軍　徳川吉宗　将軍在位（一七一六～一七四五）二十九年間
徳川綱吉が元禄の将軍で本文中の主役である。（八代の徳川吉宗は参考までに記載したもの。）

近世江戸時代に於いて、最も栄えた時代の将軍は誰かと言えば諸説あるも、享保の改革をした八代将軍徳川吉宗、享保元年～延享二年（一七一六～一七四五）か、五代将軍徳川綱吉、延宝八年～宝永六年（一六八〇～一七〇九）の元禄時代と言われる。

時代の隆盛は皆さんの解読資料として役立つように、ここは元禄綱吉を語り尽くすことにする。この事件は時代背景が大きく関わることから、長い説明になるがご了解頂きたい。

初代将軍の徳川家康は誰でもが知る名前であろうが、それ以降の将軍の名前は代と名前が案外一致しないことも多いのではないかと思い、列記した。参考にされたい。

徳川家康は豊臣秀吉、秀頼から政権を奪い、権力の座に就いた。その奪取の仕方については色々と語られ、必ずしも、宜しき評判を得ていたとは言い難いところもあるが、それは見方によって、全く違うものになり、評価は読者の好きにされたい。ここに世評が捉えた句で、信長、秀吉、家康を評して、囁《ささや》かれたものがある。事実かどうかは知らないが、後世に尾張の三英傑を称えて、詠ったものであろうから並べてみる。

「鳴かぬなら、殺してしまえ　不如帰《ほととぎす》」信長
「鳴かぬなら　鳴かせてみよう　不如帰」秀吉
「鳴かぬなら　鳴くまで待とう　不如帰」家康

このたとえの句も、川柳か何かの風刺であろうが、これ以上の説明が出来ない。これは三人の性格を表していると言われるが、家康の江戸幕府開闢《かいびゃく》までの忍耐は、幸運の時代の流れが、味方をしたことも大きいであろうことは外れてはいない。時代の流れというのは、庶民が平和を求めていたということと、人材に恵まれたことにあるとみるが、大きな執政としては、本格的な統一政権の確立をしたことに尽きる。前にも述べたように、徳川政権は、それまでにない地方（鎌倉以北）での開幕のため、苦労はあれど前例にとらわれることなく、設営できたことが幸いしている。家康は開府にあたり武士とし

て初めて鎌倉に幕府を開いた源頼朝死後、鎌倉幕府が編纂した「吾妻鏡《あづまかがみ》」を敬読し、街づくりは豊臣政権と堺の商業を参考にしたところが多いと言われている。対外的には、日本国王《にっぽんこくおう》源《みなもとの》朝臣《あそん》家康《いえやす》と称した。さらに加えるならば、神、仏、儒の思想をうまく融合させて、庶民の感性を育むことに成功している。特に、新儒学と言われる朱子学を官学として取り入れたことは、幕藩体制の維持と擁立に腐心した成果の表れである。

初代　徳川家康（一五四三～一六一六年）

「狸おやじ」と酷評されるが、どこが狸に似ているかわからない。おそらく、政権を奪取するまでの忍耐を、乗り越えてきたその気力・胆力を妬み、評価してのものと見る。幼き時から、今川の人質となり、その後、浜松に戻る。尾張の信長からは同盟とは言うものの、実態は、属国に近い扱いで耐えて凌《しの》ぐ。信長に振り回されて耐えるが、次は秀吉に歩調を合わせるが如き、まだら模様の姿勢。普通であったら、ここまで来る間に、何処かで誰かに裏切られて、悲惨な最後を迎えそうではないか。それを全て、狸が如く騙すだけで乗り切られるものではない。家康の名言に、「人の一生は、重き荷物を背負うが如き」と書かれていたが、秀吉から、いつの時点で政権を奪取出来るかもしれないと思ったのか、タイムスリップ出来れば聞いてみたい。好きなのは信長、お付き合いしたいのは秀吉、教えて頂きたいのは家康。これが筆者の英傑評価であるが、皆さんはどんなものか。

徳川家康の一般的な印象が一部で好かれないとしたら、豊臣秀頼を大坂城に追い詰めて、冬の陣、夏の陣と、二度の城攻めに持ち込んだ、その攻め口が汚いという印象を与えたのではないかと思う。此の不評な攻め手を考えたのは、家康のお抱え儒学者の林羅山であるが、それは、後で詳しく説明しよう。

二代　徳川秀忠（一五七九〜一六三二年）

常に、父、家康と対比して能力を問われ、二代目の苦しみを全て背負ってきたところがあろう。秀忠には、本多佐渡守が付いていたから、それなりの処理は出来たと思うが、貧乏くじを引いた存在で、一八年の間はそれなりであろうが常々、背後に父、家康の姿を感じながらの将軍職であったからいい思いはないし、女運もよくないようであった。家康と春日局が格別の関係にあり、後継者の選択権も持てなかった。三代将軍は家光で決定と家康のご託宣を残し、次男家光を三代将軍に指名して此の世を去っていった。

三代　徳川家光（一六〇四〜一六五一年）

この時代が徳川政権の踊り場時代ではなかったか。誰のご機嫌を伺う必要もなく、将軍の座に付き、「余は生まれながらの将軍である。異存の有る者は申し出るがよい。余が徳川全軍を持って、攻めてくれようぞ」と、宣言して威厳を示し、諸大名に号令をかけた。性格は、向こう見ずなところも見えたらしい。弱冠十九歳で将軍となる。若年故に不安視していたところで、やはりそれらしい事件が起きたが、春日局と柳生但馬守が仁王立ちで庇ったと言われる。四代将軍を家光の嫡子とするべく、殿中に男子禁制の女部屋を作ったのも、春日局の悲願であったことが実ったという事であろう。この大奥という名称は二代将軍秀忠の時に既に存在はしたが、制度として勢力を発揮したのはやはり、三代家光の時代であったと言われる。

長崎の島原で「切支丹、天草四郎の乱」（一六三七〜一六三八年）という事件が勃発し、徳川幕府の威厳を示す為に幕府は力勝負に出た。この後、キリシタンへの弾圧でその教徒を壊滅させ、市井に寺請制度を設けたり、又、五人組制を活用し世論を抑えた。

ここで、「紫衣事件《しえじけん》」という朝廷を牽制する事件について簡単に触れる。古来、仏門の社会では、紫色の法衣が最高であるとされていた。時の天皇である、後水尾天皇が幕府に断りもなく、紫法衣を与えたり、上人の位を授けた。この朝廷の行為は将軍家光の逆鱗に触れ、関係した僧侶たちも遠流《おんる》処罰にされ、位を返上させられた。ここで家光は、朝廷を監視すべく、「禁中並公家諸法度《きんちゅうならびにくげしょはっと》」を定め公家たちを牽制した。この法衣事件で朝廷よりも、徳川幕府の方が実質的に上位に位置することを天下に示した。これで全国の諸藩大名も謀反を企てる程の力を持つことは、危ういなと思わせるようにして、大名統制に注力している。これで時世の安泰を信じて、体制が緩んだのか、「慶安の変《けいあんのへん》」（由比正雪の乱　慶安四年（一六五一）で本気で徳川幕府を倒そうとして、豊臣恩顧の徒党を中心とした全国の浪人たちが暗躍したが未遂に終わった。武断政治の家光は逝去し、四代将軍家綱の時代と流れは変わっていた。

四代　徳川家綱（一六四一～一六八〇年）

語れる程の知識がない。保科正之、酒井忠清らの重臣たちが、治政の殆どを担い、家綱を称して「左様《さよう》せい様」という評価で称えられ、実政に口を挟むことは殆どなかったように言い伝えられる。

五代　徳川綱吉（一六四六～一七〇九年）

「赤穂事件」に関わる需要な将軍であり、別に場所を割いて解説する。近来、ここ数年にその名君ぶりを高く評価する学者も現れて、必ずしも悪評ばかりではないが、それでも名君であったかどうか解らない。唯、これまで不評であった綱吉が、好評に様子を替えてきたのは、出版社の流行づくりによるものが大きいと見ている。徳川の歴代十五人の将軍に対する評価が、大きく変化するほどの史料は発見されてはいない。もし、そんな史料が蔵庫に埋蔵されたまま放置されていたとしたならば、それは先学者およびその関係者の研究姿勢に、問題があると言われるべきではないだろうかと思う。

以後、六代徳川家宣から十五代の徳川慶喜までは略。

徳川幕藩体制の基幹政策を見る。

・本格的封建制の実施
・諸藩大名統制施策
・キリスト教の禁止と寺請制度の徹底
・儒学者の登用
・限定貿易、長崎出島の活用

・農業、農民の活性化

これらの項目は、先行識者の枠を超えた案内かもしれないが、筆者の見識でご容赦頂きたい。

徳川幕府の政策

これらの徳川幕府の政策の順を追って解説する。

①本格的封建体制の実施

封建制度とは学術的な区分用語であるが、大変な説明になるので筆者の感覚で、簡単にまとめる。封建制度は上位の立場である君主が臣下に対して、その領地の支配権を認め、その対価として家臣を支配下に置く契約社会のような主従関係に基づく制度である。これでも既に面倒臭いが、つまるところ徳川幕府に忠誠を誓い、自領の統治を安定させていれば、身分を保証するという制度である。領地は幕府より貸し与えられたものという解釈で、幕府の意にそぐわない場合は、減封、転封、取り潰しなどがある。何となく、普通のことに聞こえるが、江戸幕府以前の政権下では、時の幕府に大名、国士、郷士、地侍は必ずしも忠誠を誓ってはいなかった。例えば豊臣の時代の大半は家臣関係ではあっても、島津、毛利、上杉、今川、伊達、長曾我部などは本心から豊臣政権を支持してはいない。領地の面積はもとよりからの先祖代々のもので、秀吉から借用したものではない。折あらば、覇権の奪取をと考えていたし、肝心の徳川家康は全く従う気はなかったことは、読者も充分御認識であろう。蝦夷、琉球は除くが、徳川政権になって、三代家光の頃になると、この幕藩封建体制は、確立したと言っていいだろう。

②諸藩大名統制施策

徳川政権で最も恐れたことは、やはり諸大名の謀反である。そのためには、外様といわれる諸藩を、江戸城郭の近隣には配置しない。殊に西国雄藩は財力もあり、密貿易もある。外国からの情報も武器も優れていた。幕府よりも、総合力において上回るところもあった。財力を消耗させるために、江戸城修復、河川の補修、海岸補修等と江戸市中の安全維持。入り鉄砲に出女、そして参勤交代は、家光が寛永十二年（一六三五）、武家諸法度の改定によって制度化され全国諸大名を統制した。然し、参勤交代は費用も掛かるが、大名自身が自分の藩領に帰りたがらず、田舎より江戸住まいを望んだ。江戸屋敷は幕府より拝領する。妻子共にして、江戸住まいを希望。そのうち、参勤交代は経費が掛かり過ぎる為に行列人数を制限した。藩元では、エリート家臣が選ばれて随行し、出世の目標にもなったという。そのうち二、三年に一回というまばら参勤にもなった。

参勤交代の目的は諸藩の財源削減もあるが、交通街道と宿場町の経済の活性化を狙ったもの。ところが、各藩が江戸までの街道を往来するうちに、交通事情や地形を充分に理解して、却って幕府より、諸藩の方が地勢に関する情報を多く持ち、国防に詳しくなってしまう。これは幕府にとって忌々《ゆゆ》しき事態であった。

又、他藩の領地を通過して貸し借りの仲たがいとか、藩の情報交換場になったり不都合な事態にもなって、参勤交代の大訓令は、幕末には消滅したようである（一八六四年消滅）。諸大名の財政具合は、この参勤交代の費用もさることながら、江戸屋敷での贅沢三昧の生活に明け暮れで、どの藩も逼迫していた。諸大名の財政は参勤交代が、経費削減、倹約令などでその絢爛さを競っていたものが、大名行列も節約型にはなったが、江戸市中の商業が発展して、それなりに拡大した贅沢な生活は改まらず、見栄張の生活は温存されていたのであろう。どちらにしても、既に諸藩の財政は豪商たちへの借財だらけで、台所は火の車の状態であった。

他方で、流通は北前船《きたまえぶね》、樽廻船《たるかいせん》、菱垣廻船《ひがきかいせん》と時代を重ねてスケールを拡大し、大衆の食を支えた。やがて一九世紀に入ると、文化文政時代と呼ばれる綱吉後の町民時代を迎える下地づくりとなる。とにかく、この徳川幕藩体制を軌道に乗せるべく、為政者の権威付けに腐心したことが、泰平で三〇〇年の徳川絵巻の基礎を作ったことに尽きる。大袈裟に言えば、武士も町人も殺し合いの戦は、歌舞伎か浮世絵の世界でしか知らないものとなり、磯田道史氏の『武士《ぶし》の家計簿《かけいぼ》』や、藤沢周平《ふじさわしゅうへい》氏の描く『海坂藩《うみさかはん》』の時代であったと想像する。これで大名は殆ど骨抜き状態であったといってよい。

③キリスト教の禁止と寺請制度の徹底

長崎島原の原城を居城にして、俗にいう天草四郎による「島原、天草と切支丹の乱」が没発。制圧に幕府は苦戦。背後にポルトガル等の外国勢力の存在を恐れ、それまでにもあったキリスト教禁止令を徹底し弾圧した。全ての町民はいずれかの寺に檀家として登録をさせて身元調査をし、切支丹への弾圧を強化した。寺請制度を作り、住民台帳を揃え、住民管理を隣組に役立てた。これは幕藩体制の維持に大きな貢献をした。徳川家光の手柄である。

④儒学者の登用

儒学は、中国より伝来。孔子、孟子の学問であり、宗教ではない。日本では山岳信仰をはじめとする八百万《やおよろず》の神、自然の驚異の中に神は坐するものとしてあったが、イザヤ・

ベンダサンの中にもある「何でも教」のようであるが、他教を排斥しない。どこの家にも「神棚」があり、その隣に「仏壇」があることは、よく見る日本の家庭の形態である。そして、クリスマスの時だけ、クリスチャンのマネをする日本人。それは別に批難はされない。キリスト教は唯一神教である為、他教の存在を認めない。もし、江戸幕府がキリスト教を禁止していなかったら、今日の日本の姿が違っていた。こじつけであるが、赤穂事件もなかったかもしれない。儒学は京都五山、七僧の時代から日本に辿り着いたが、長らく時代の要請はなかった。林羅山が徳川家康に取り入り、神・仏・儒を融合させて、儒学者の職域を確保した。儒学から朱子学に流れ、君臣関係を確立させ、江戸、明治、大正、昭和と日本の歴史の中を闊歩《かっぽ》した。この話は第五章、徳川綱吉と儒学のところで大きく頁を割いて詳しく説明する。

⑤限定貿易、長崎出島の活用

　先にも述べたが、本来、江戸幕府に「鎖国」という言葉はない。貿易相手を限定した為に鎖国状態の交易であったという事であり、鎖国ではない。鎖国という言葉は明治時代の教本に初めて登場している。日本国は外敵を恐れたが、情報は望んでいた。先に見たように、近世の日本国江戸は世界一の都市であり、金銀の産出は突出していた。正に黄金の国ジパングであった。然し、輸出品目がないから、全て現金買いの出し放題で、それを防ぐ意味合いが大きかった。結果的に外国勢力を防御する政策となり、わが国の存続と、独自の文化の発展に大きく貢献した。

⑥農業の活性化による経済の確立

近世をみると目覚ましい経済の発達がある。これはひとえに、兵農分離で農民が戦《いくさ》に駆り出されることがなくなった。これで農民は農業に専従できたことにより、経済の基本が確立した。さらに、農業が山間部から平地の作業に変わり、米作りから、二毛作、三毛作が出来るようになった。やがて、農家は年貢米だけではなく、自分たちが食する分に加え、生活費を稼ぐ為の自主流通農産物も許されるようになり生活にゆとりが出た。家康の「百姓は生かさず、殺さず使え」いう信念がここに実を結ぶ。江戸市中は、水路がしっかりと確保されていた。江戸川、隅田川あたりの活用は、上方の堺港の水路を参考にしたと言われている。関東の荒れ野からの自由な都市計画が幕藩体制にも大きく貢献したと言える。

もうひとつ加えるならば、関東平野は広く、大名屋敷も確保され、諸藩の領主は幕府から借用していたから更に統制された。この江戸市中の整理が赤穂浪士の吉良討ちをも計画されやすかったのであろうか。

第二節　華の元禄時代とはどんな生活か

一般的にその時代の様子を知るには、庶民の金回り状況であろうから、そこから説明しよう。この時代の貨幣は金小判、丁銀、銅貨が流通していた。しかし、一般市場での庶民の使用通貨は銀と銅である。ここで豆知識を共有して頂きたい。現実の使用通貨は、上方市中（大阪）では丁銀、江戸市中では金で商売が為されていた。これは、江戸初期では、米の流通の大半は上方で為されてから経由して、江戸には回さなかった事に原因する。又、銀の産出量が豊富であったことと、銀通貨を古来、平安時代から海外貿易の支払いに充てていた経済の歴史に影響している。関東地区は徳川家康が江戸に幕府を開くまでは、上方や京都の人々から見れば、今日《こんにち》でも「関東武者のいるところは、天皇さんが下向するところであり、天皇さんは今、お出掛けになっていて、偶々《たまたま》お江戸にいるのであるからして、何れ京都にお帰りやすんや」なんて話が普通にされるらしい。怪しい言葉使いはやめたとしても、往時の銀の産出量は世界一である。日本産の銀でヨーロッパの通貨が作られていたということ（棒銀通貨、銅銀通貨）は有名である。因みに、二番の国は、スペインであったが、そのスペインとオランダが日本の銀を大量に買い求め、ヨーロッパ通貨として日本銀を流通させていた。江戸市中でも、その後、銀通貨が増えるが、それは、関東で多く産出した金が海外貿易の流通の支払いに多用され、幕府の財政が不如意となった為でもある。

ここで徳川幕府は、財政の立て直しの為に、貨幣の改鋳を実行する。此の貨幣改鋳の件については、赤穂事件とリンクするから、節を改めて説明する。幕府の財政は困窮していても、庶民景気は花盛り現象であったが、不況は目前に来ていた。見た目良ければすべて良いといった感覚は、イケイケ現象でそれ程不思議でもないとも思う。次に経済を語るには、人口を見せねばなるまい。往時の日本人口は三三〇〇万人くらいであった。それでは江戸の人口はというと、八〇万人を超えるくらいであったようであるが、これも寺社、仏門の従者の数は判然としないようであったし、各藩の江戸屋敷人数も一方的な届け出である為、その程度の人口で捉えていても差し支えない。この数字は本書四九頁で述べたように八代将軍吉宗の享保の改革を参考にしている数字であり、それなりに根拠のあるものであろうから信じておきたい。周辺地域から流入する人口を合わせれば、百万人口の八百八町の大都市であったといえよう。この時代は北京と並んで世界一の大都市であり、それなりの経済圏を備えていたことは間違いない。具体的な生活様式の変化は、庶民の生活に表れてきているから、少し紹介し寸評を加える。

＊「着るものは麻から綿の衣服」に変わり、

＊「腹は満たせばよい」という生活から「よりうまいものを食う」そして

＊「江戸っ子は旬の物を食う」というように向上してきた。

＊「一日二食から三食」となる。

＊「住家と同一棟に厠《かわや》」を置き、「馬屋は人家と別棟」。「灯油が生活に入り、一家団欒」という模様が得られて生活様式は向上した。

庶民生活についてもう少し加えよう。

農家の身分が固定して、年貢米以外に生活費を蓄財するための、農産物の自由生産と流通が公認された。他方で大店《おおだな》、商店も現れ、大名相手の商いが盛んとなる。

ここで、ひとつ認識されたいが、士農工商という身分の言いようは、武士は別格であるが、農工商は、皆同じ扱いの身分で「町民」と言う括りで取り扱っている。因みに漁師、猟師は農民扱いである。商人と大工鍛冶屋以外は概ね農民とされていた。然し、「町民」が座席等の順位を決める必要があるときなどは農民は末席とされた様である。

文化は「雅《が》」と「俗《ぞく》」に別れて、朝廷、貴族の連歌や俳諧は雅の象徴とされた。茶道、華道、歌舞伎などが大衆化して富裕町民が文化の中心となり、元禄文化の華が咲いた。然し、経済という生き物は、金が金を呼び、商業が盛んになるにつれ、貧富の差が拡大してくる。

文化人は松尾芭蕉、井原西鶴、菱川師宣、与謝蕪村あたりである。浄瑠璃、舞台芝居もこの流れに乗る。ここから「仮名手本忠臣蔵」も時流に乗って拍手を浴びた。然し、幕府の財政は困窮を極め、沢山の検討触書が出され、町民の絹の着用禁止や旬の物を食う事の禁止令もだされたことはあまりご存じではないと思う。

なお、江戸の人口は、享保から幕末にかけて最盛期には一一〇～一三〇に達していた。鎖国的、制限貿易で、外部からの攻撃も比較的ないから、日本独自の文化が醸成され、世界に誇れる文化となれた。ペリーが黒船で浦賀に上陸した時、同行者の日誌に日本の僻地《へきち》文化に感嘆した様子が書き記されてあったときく。特に驚いたのは男女の混浴らしい。

当時の江戸幕府の政策は、長崎港に海外貿易を制限していたが、「鎖国」という言葉はなく、其れは、明治以降の学者が使用した学術用語であることはすでに説明した。鎖国状態ということであるが、徳川幕府としては海外からの西洋文化や情報は充分に捉《とら》えていたようである。

第三節　黄金の国、ジパングとはどこの国か

以前に、マルコ・ポーロの「東方見聞録」（一二七一～一二九五年）を題材にした映画があった。これはベネツィアの冒険家が、アジア諸国を見聞したことを口述筆記したものである。主に中国で聞いた日本の印象を編集した記録であるらしい。マルコ・ポーロ自身は日本に上陸はしていない。誰からどんな話を聞いたか知らないが、日本国は、金塊で作られた住居に住み、有り余るほどの黄金に囲まれて、ウハウハの生活をしている民族であるような話で、嬉しいが信じられない。盛りすぎの物語であり、誰も本気では捉えていない。この話の元になったのは、往時の奥州平泉（現一関市平泉町）に権勢

を誇った、藤原一族（清衡《きよひら》、基衡《もとひら》、秀衡《ひでひら》、泰衡《やすひら》）が京都の平等院鳳凰堂を見習い、平泉に建立した金色堂を見てきた話か、噂に聞いた部分を書き込んだようである。平泉の知識はあるが、どこらあたりで、金塊が湧き出ていたかは良く知らない。ここで当時、藤原一族はかなりの勢力を持ち合わせていたようである。これも歌舞伎の話であるが、京都鞍馬山に幼年を過ごした牛若丸（後の源義経）は、異母兄弟の源頼朝が旗揚げするチャンスを待っていた。その時、詳しくは知らないが、奥州の金売り吉次《きちじ》という男が、陰で牛若丸を支えていたという。吉次は金売りという仇名を持つくらいであるから、金塊粒（小判はまだない）を商いしていたのであろう。吉次は藤原氏の使用人であり、東北奥州では、金塊か砂金が豊富に採れたのであろうか。ここで例によって、「甲子夜話」からひとつ、御披露したい話がある。源義経は時の将軍であり実兄の頼朝の軍勢にとりかこまれ、平泉の衣川《ころもがわ》で、従人の武蔵坊弁慶と共に討ち死にした。これが歴史上の事実であるようにみえるが、義経はそこで討ち死にしないで、弁慶と共に生き延びたという話がある。東北は津軽（青森県北部）まで、僅かな従者を連れて逃れ、蝦夷に渡る。そこから、樺太経由で大陸に渡る。モンゴル人に助けられ、成吉思汗《ジンギスカン》を名乗り、大群を引き連れ、日本の鎌倉幕府の第八代執権北条時宗《ほうじょうときむね》を襲来した。これが義経伝説である。無論、創作芝居であるが、これは単に伝説だけでなく、現在も一関市観須寺、宮古市黒森神社、宮古市横山八幡宮など東北地方の六〇以上の村で義経主従の祭りが、真剣に催され伝えられている。

これは、藤原秀衡が鎌倉幕府の源頼朝の統治のあり方に疑問を抱き、政権の継続は至難とみて、弟の源義経を頭目として奥州平泉の地に藤原幕府を開設する大望を抱き、人心を繋ぐ為に、義経生存説を故意に流布させたと言われる。徳川幕府の神祖徳川家康は藤原秀衡を、すこぶる優れた武将と褒め、我が徳川幕府にも、秀衡くらい先を読める武将がいたらと、羨み嘆いたようである。これが「甲子夜話」に語られる話であるが、近世時代の世がまさに、「武道」から「文道」に流れる時代の成熟でないかと思う。それでも、海の向こうでは「黄金の国ジパング」と言われていた。ところで、この黄金の国ジパングの黄金は、元禄時代に枯渇して、大幅な貨幣の改鋳を余儀なくさせられた。そこら辺の重要性は複雑なので、次の章で詳しく解説しよう。

第四章　五代将軍　徳川綱吉と儒学思想

第一節　生まれながらの将軍ではない将軍

何とも、勿体をつけたような入り方であるが、取り様によっては、ラッキーな将軍と言えよう。とは言っても、朝廷から宣下《せんげ》を受けた、れっきとした将軍である。唯、順当になるべくしてなった将軍であるかと言うと、そうとは言い切れないところがある。

それは、綱吉に原因があったわけではない。四代将軍の徳川家綱は嫡子に恵まれなかった。その関係で、家綱の弟である綱吉に将軍の座が回ってきた。従って、綱吉と先代の将軍の家綱は兄弟であるが、異母兄弟である。その流れからかどうかわからないが、綱吉が将軍になる前から、本人はかなり入れ込んでいたようなところが見られた。

本人自身が、生まれながらではなく、弾みでなった「棚から牡丹餅《ぼたもち》将軍」であったという気後れがあったかもしれないが、その心底を覗かれたくない一心が、頑《かたく》なな印象を与えていたかもしれない。何処から見ても何ら問題のない、第五代征夷大将軍であることを、力で示し陰口を叩かれたくない。そんな思いが胸に去来したのか、自分にも厳しく胸中に秘するが、家臣にはそれ以上に厳しく対応して、沢山の御触書を発布し権力を見せしめた。その極みたる政策が、かの有名な天下の愚法「生類憐《しょうるいあわれ》みの令」である。この御触書については、後にどこが不評であったか詳しく説明し、更に「赤穂事件」とどのように関わって、近世日本史に位置付けられ、今日まで日本人の心の機微に触れて来たかを体得されたい。

そこでまず、読者と共通の認識を持ちたい。「生類憐みの令」と言ったが、本来「何某法令」と言った法令が出されるものがあるわけではなく、大抵は「御触書」として、下達されているものを後世の学問上、同一にまとめて、「何とかの令」として、括《くく》りよんでいるものである。従って「生類憐みの令」の中身は、何通りもの、生き物を殺生しないで、命を大切にせよという趣旨の触書の集まりの総称である。唯、動物ごとに何回も示さずともよいのに、ある時は馬であり、ある時は牛であったり、犬猫であったりしてファイリングが煩わしい。触書の呼名は、後世学者の知恵であろう。

次に、綱吉が直系の将軍ではないことを気にしていたように書いてしまったが、直系嫡子ではない将軍は、徳川幕府には他にもいるから、読者が同情の思いで予断をもって綱吉をみる必要はない。綱吉本来の性格によるところであろうと、筆者は見ている。

第二節　諫言しすぎて暗殺された大老

五代将軍徳川綱吉を誕生させたのは、間違いなく大老、堀田正俊である。先にも見たように、本来、綱吉は将軍になれる立場ではなかった。然し、綱吉を将軍にするために堀田正俊は奔走した。ここで、徳川綱吉と堀田正俊の関係を適当に知ろう。

堀田《ほった》筑前守正俊《ちくぜんのかみまさとし》

幼少期に春日局の養子となり、同じく、春日局の養女であった娘を娶《めと》る。上野国安中《こうずけのくにあんなか》藩主《はんしゅ》（四万石）。四代将軍徳川家綱の小姓を務める。春日局の影響か、優遇されて五代将軍綱吉の時に老中、大老に昇進する。

ここで、豆知識をひとつ。歴代、徳川十五代の将軍の重職である、大老という職位は誰でも努力して昇進できるポストではない。大老になれる家系は、土井・酒井・井伊・堀田の四家のみである。なぜ四家だけという事の説明はここでは省くが、常設の職位でもない。将軍が必要と思う時に、老中の上座として置くものである。空席の場合も多い。前述のように、正俊は綱吉を将軍にするために尽力する。特に自らも儒学に長けており、綱吉の将軍としての心得と、天道者としての教養を説諭した。五代将軍徳川綱吉の実現は見たが、報われず、貞享元年（一六八四）八月二十八日に殿中で殺害された。犯人は、若年寄の稲葉《いなば》正休《まさやす》。

徳川綱吉、第五代征夷大将軍。人物紹介は既に、案内しているために、ここでは省略する。その代わり、何故に、すんなりと将軍職を継承できなかったかを、詳しく説明する。面倒な解説話であるかもしれないが、綱吉の儒学思想と人生観が赤穂事件にも関わるものであるから、大切なところである。ひと息つかれてから読み続けられたい。

第三節　綱吉はどうして、すんなりと将軍職を継承できなかったか

話が、少しややこしい。

三代将軍家光の長男が家綱で四男が綱吉である。本来であれば家綱の子が、継嗣となるべきであるが、その上、正式に五代将軍の決定をする前に家綱が重病に罹り、家綱危篤が知らされて、殿中に馳せ参じた綱吉に、緊急避難的に暫定将軍として、病床の家綱から直接に、第五代征夷大将軍になる事を要請される。これは極めて異例なことであった。普通の継承であれば、家綱の直系の綱重（既に死亡）の嫡男である綱豊が後継となるべきものが順当であるが、家綱の子を出産する可能性のあった側室の妊婦がいた。その可能性を期待して、取り敢えず四代将軍徳川家綱の養子に松平綱吉（館林藩主）を迎え、暫定政権の五代将軍が決められた。ここで、病床の先代将軍から、熨斗《のし》鮑《あわび》

徳川氏略系図（六代まで）

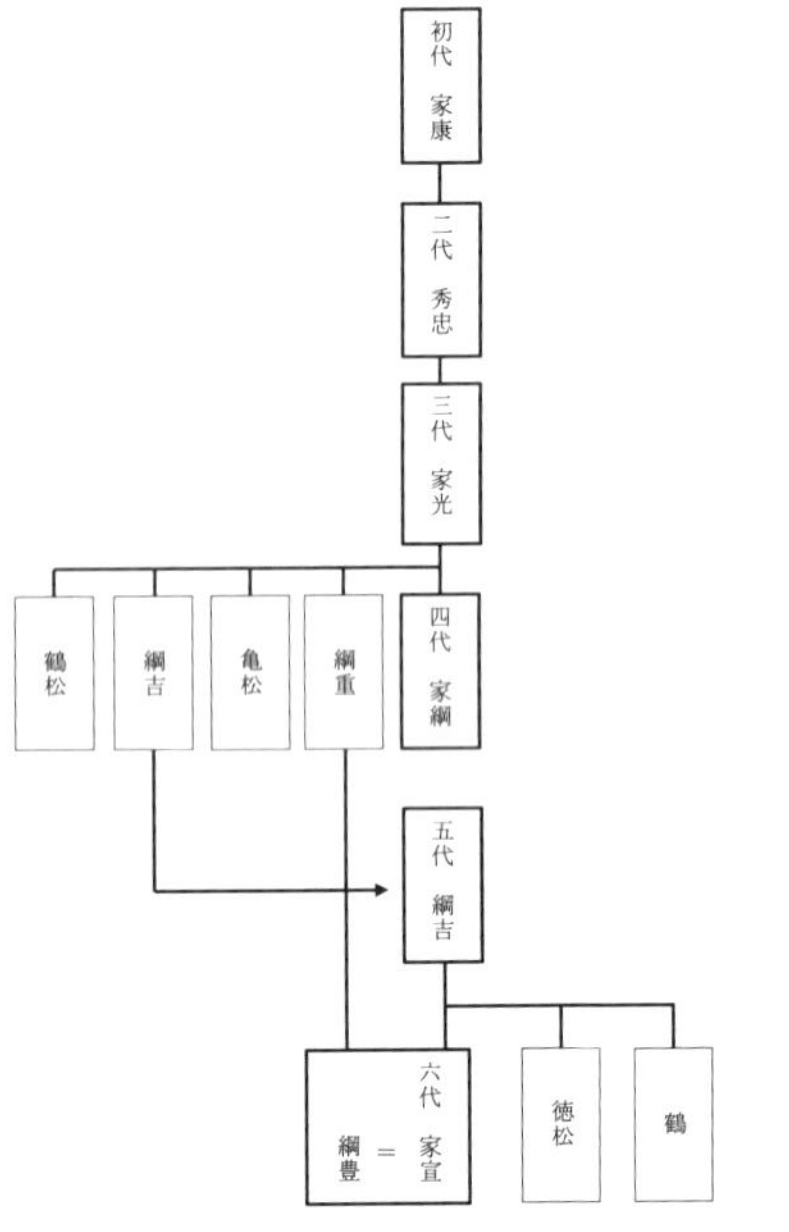

（慶事鮑）を戴き翌日には名刀の正宗も拝刀している。此の事態は、綱吉自身も全く身に覚えのない成り行きであった。将軍職が回ってくるとは、予想だにしていなかったから、心の準備は出来ていない。こんな流れではあったが綱吉は五代将軍を継承することになった。だから誰からも将軍教育をされていない。綱吉はいずれ、正式に六代将軍が決まるまでの一時的なものと思い、自らの嫡子の徳松に自分の統治していた藩領、館林二五万石を与えた。従って、側室が男子を出産して成長するまでの中継ぎ将軍であるという俗説が流された。そこで綱吉は、いつでも将軍職を譲れるべく後悔のないように、全力投球をしようと心に誓って登壇した。ここに入れ込み過ぎてしまった、五代将軍徳川綱吉が誕生する。

綱吉には、更にもう一つの亜流があった。四代将軍家綱が病弱であった為、適切な人材が固まるまで、「宮将軍《みやしょうぐん》」を臨時的に置くべきで、軽々に決するべきではないという後継者案が挙がっていた。宮将軍とは、将軍継承が決まらぬ間は朝廷のやんごとなきところの御人《おんひと》を迎え、臨時将軍としてその座に置き、時を稼ごうという応急処置案である。その煽動役は大老の酒井雅樂頭忠清《さかいうたのかみただきよ》である。そして、家綱が病床の身であるから、もしもの時には、綱吉が五代将軍に就くべきと、予《かね》てから、応援する立場に尽力したのは、老中の堀田正俊である。

それに対して、酒井忠清による綱吉の人物評価は極めてよくない。「将軍の器に非ず。綱吉が五代様になれば、世は暗転して、天災が起こり、諸人《もろびと》困窮し、天下が大騒動になるは必定」などと放言の垂れ流しであったようである。これは当時の歌人の戸田茂睡《もすい》がその著書の「御当代記《ごとうだいき》」に酷評している。従って、暫《しば》しの間、酒井忠清自身が後見人になり、朝廷から、有栖川宮幸仁親王《ありすがわのみやゆきひとしんのう》を迎えるべきと家綱に進言した。

この酒井忠清の提案した「宮将軍」の話は言うなれば、確かなる俗説といったようなところがあってよくわからない。どちらにしても、酒井案は幕閣の快諾が得られないと空気を読んで、声を大きく発言したのは、堀田正俊である。神祖家康公の正規の血族後継候補がいるにも拘らず、朝廷から後継者を迎えることに何の意味があろうかと唱えた。堀田としては決死の思いであり、勝負の決断であった。老中幕閣には色々なしがらみはあったであろうが、とにかく、綱吉はめでたく五代将軍徳川綱吉になれた。かなりの難産ではあったが、堀田正俊のおかげであろう。この努力が次の悲劇を生んだ。なお、「御当代記」は元禄期の「当世噂話本」のようもので、その本に書いてある事象は、存在したであろうが、市井一介の歌人が知り得るべき以上の政権批判が多い。現代で言うところの「週刊誌」的なものであろうと思うが、俗説も多いといわれる。

堀田正俊は先にも見たように、自他共に認める儒学者であり、文人大名でもあった。その知見でもって、五代将軍徳川綱吉をリリーフ将軍ではなく、歴史に残る「仁政《じんせい》」として語られる名君にしようと、懸命な教育をした。その努力は小川和也氏の『儒学殺人事件　堀田正俊と徳川綱吉』（講談社）に詳しく書かれている。大作であるから、全てについては説明できないが、読者に触《さわ》りだけでも紹介する。堀田正俊が綱吉に教えたかったのは「仁政《じんせい》を旨として、聖人君主《せいじんくんしゅ》になられること」（堀田正俊「颺言録《ようげんろく》」）を期待して、承知で諫言をもって幾度も具申した。最初は堀田正俊を信じ大老にも起用して余人をもって代えがたい重臣であると認め、精進した綱吉であるが、途中で方向が変わってしまった。

堀田正俊は、心から綱吉を名君にしたかった。前任の老中の酒井忠清との攻防戦もあった経緯に示したように、松平綱吉が五代将軍を継承するにあって、多数の賛意を得られなかったこともあり、綱吉と堀田のホットラインを作る必要があった。だから、堀田正俊は全力で将軍教育に専念した。小川和也氏の表現を借りる。徳川幕府の神髄をなすところであるから読者にもお勧めしたい。堀田正俊は儒学者を自認していた。その為、林家大学頭《りんけだいがくのかみ》との交流も頻繁であった。

慶長一七年（一六一二）六月、駿府において徳川家康と林羅山の間で問答が交わされた。家康は羅山に「湯武《とうぶ》の征伐は権《ごん》か」と問うた。「権」とは権道で、道に外れた手段だが、目的を達成するためには許容されるという消極的な肯定である。それに対して、羅山は「湯武の挙は天下を私せず。唯、民を救うにあるのみ」と述べ、「湯武征伐」を積極的に肯定した。「民衆の為なら場合によっては、主君を討つことが許されると言う論である（「駿府政事録」）」。これが儒学の実学と言われる根拠であり、一定の範囲では、相手を攻めることも良いという論理であるから、為政者、強者にとっては手放しである。

この論法は、豊臣陣営を攻める口実にも使われ、羅山はますます家康の懐に潜行していった。これに対して、堀田正俊は同じ儒学者としての確信から羅山の忠心的な発言に疑念を持っていた。再び引用する。

正俊は「主君と民衆を比較して、民衆は億兆といえども小さい存在であり、それに対して、君主はひとりでも大きな存在である。小なる者が大いなる者にとってかわることはできない」。正俊にとって主君は絶対である。従って、「たとえ万民のためであっても、武士の紂王《ちゅうおう》討伐は許されない」（以下略）。これが、将軍綱吉に教えた儒学の神髄である。

どこがそうかと言えば、時代が流れ場面が替われれば、如何様にも理屈は付けられていくということの実証である。このどちらの理論も儒学者からみれば正論である。家康と羅山の問答時より、時を経ること凡そ四〇年。慶長の大坂攻めの時の反省止まぬ家康と、五代将軍綱吉の時代である。明らかに、問答の場面も時代背景も違うが、何でも通す理論を用意できる儒学論法の強さであり、やがて此の学問は、徳川幕藩体制の背骨となり、官房学へと豹変していく。これが神仏の教えであれば、これだけの人を殺傷したら、あの世へ行った人にお弔いをして、剃髪をし神仏に仕え神妙に祈るべきとか言うであろう。これらの小川和也氏（『儒学殺人事件　堀田正俊と徳川綱吉』講談社、二〇一四年、三〇〇頁）の指摘は敢えて解説しなくてもご理解頂けると思う。読者にはこの違いをご理解頂きたい。

筆者は儒学と羅山信奉者を誹謗しているのではない。この考えの向こうに、後の世界を相手に不敗神話を語ることに悠然とする日本人としての国民感情がある。勝てば官軍であるから、戦争は負けるわけにはいかない。勝てば後から理論は為政者が考えるということである。戦争をする場合はどちらにも「正義の理論」が用意される。ここで我々は賢人の言葉を思い出して、歴史に学ぶ時ではないかと思うがどうであろう。

少し本線から離れたので戻る。

綱吉はまじめな性格で、自らも儒学、神道、仏教に明るくその心得があった。儒学者将軍としての評価はあり、柳沢吉保の側室の正親町町子《おおぎまちまちこ》の「松蔭日記《まつかげにっき》」には、綱吉の「漢籍、易経」の講義を受講したい学僧、博士が毎回二〇人以上も並んだと書かれていた。先にも述べたように、自ら、時間稼ぎの中継ぎ将軍と、陰口を言われたくないという気負いと、あまりにも度々ある堀田正俊の諫言が煙たくなり、綱吉は初心を忘れてしまったのか、堀田正俊を遠ざけるようになった。この学者将軍の綱吉の自信あふれる儒学思想の「仁政」が、多数の御触書の発布と「赤穂事件」を引き起こす伏線となっていく。


大老、堀田正俊は殿中で殺害された。殺害したのは若年寄の稲葉正休である。この名前は度々紹介することになった。ここで前述の小川和也氏の『儒学殺人事件』(四五頁)を借用する。

「この事件のありし前夜、正休は正俊が邸にまかり、夜半まで酒のみ、閑談してかえりし」とある。二人は愉しく酒を飲み交わし、談論していた。ところが、その「翌日に至り、かかる事に及びしよしなれば、如何にもいぶかしき事なり」と両者をよく知る者は驚く。

これは、現場に於いて、正休は即座に切り殺されてしまい、事件の真相は全く分からないまま幕を閉じた。従ってその原因は分からない。後で、何故にその場で切り殺してしまったのかと、現場に関与した者たちが水戸光圀に叱責されたとある。抑々《そもそも》、堀田正俊と稲葉正休は縁戚関係にあり、大老と若年寄の上下関係にあるもの。しかも、前夜に、互いに酒飲み交わしていたというのに、一夜明けて、上司の堀田正俊を刺し殺すとは、全くわからないという話だけが残る。しかも、事前に正俊を一撃のもとに刺し殺す為の、それらしい刀を発注しており、完全犯罪を成し遂げたとある。「御当代記」（戸田茂睡）にもあるが真実はわからない。わからないから色々と書ける。正俊と正休は縁戚であり、過去の記録にも、正俊により取り上げられ正休の昇進は早かったとあるが、前夜の酒を飲み合わせたのは、油断させるための正休の計画としか言いようがないが、即死の処理がされて、全くわからないからこれで終わることにする。色々と書いてもそれは全て根拠の薄いお手盛り話でしかない。おそらく、読者も判断すらできないのではと思うが、これは五代将軍綱吉がなってから四年後の事件である。ここで、筆者も少し参加して推量してみる。

これはやはり単に個人的恨みというより、稲葉正休は大老の堀田正俊の将軍に対する折衝に何か大きな不満を感じて、綱吉に正俊の頭越しに諫言、具申をしようと相談したが、堀田正俊に出過ぎるな、と拒否された。あるいは正休のアイディアを堀田正俊に横取りをされ逆恨みでもして、計画殺人の暴挙に出た。如何にも安直な推理であるが、それよりも、正休は一突きで堀田正俊の息の根を止めたが、赤穂事件の浅野内匠頭は一突きにしなかったから、吉良を仕留められなかったと後世に於いて追加的に酷評されている。内匠頭が暗愚な藩主であった事がここでも引用されていることに納得をする。赤穂の浪士たちは、主君内匠頭が気の毒であり、仇討ちをするという行為に出たが、何故に我が主君は、吉良を一突きにしなかったのかという愚策を指摘する家臣はいなくて、仇《あだ》討《う》ち一心の忠臣ばかりであったように巷間語り継がれているが果してそうであろうか。浪士たちの胸のうちはどうあれ、そこを語り話にしたら日本人の機微として、生きてはこられなかった可能性もあると思うのは、至らぬ筆者の浅い了見であろうか。

将軍宣下とは何か。これは大変重要な案件である。

ここに重要な記述をされた本があるから、読者に是非紹介したい。渡辺浩《わたなべひろし》氏、『近世日本社会と宋学《そうがく》』（東京大学出版会、二〇一〇年）という力作である。渡辺氏の説に賛同できる部分は多い。然し、この点に於いては疑問が残る。筆者は是非、読者と認識を共有したい。

重要なところであるから、その部分を、そのままに引用させて頂くことにする（同書、三六、三七頁）。

本来、天皇と将軍の関係は儒教的用語でも、（幕初から幕末まで、日本を訪れた西洋人が首をひねっているように）西洋の政治用語でも、説明しにくい、形式上甚だ曖昧なものである。「（江戸幕府の）政権は実力をもって獲得したものであって、決して朝廷より与えられたものではない。朝廷が家康をもって征夷大将軍に任じたということは、たんに朝廷において、形式的に彼をもって武家の棟梁たることを承認し、これにふさわしい称号を与えただけのものに過ぎない。家康に対して武家の棟梁としての権限を付与したのではない」（石井良助『天皇』）。現に、「大政奉還《たいせいほうかん》」はいとも厳粛になされたが、「大政授与《たいせいじゅよ》」の儀の為された事実はない。それでもなお形式的にせよ天皇が将軍号を授けた事実に注目するならば、同時に、形式上幕府が「武家」と並んで「禁中並公家」に

「法度」を下していたこと、更にそれによって「武家の官位者、可為公家当官外事」と定め（第七条）、それ以降朝廷の官職録たる『公卿補任《ぶにん》』には将軍の名さえ登録されておらず、その意味で形式上将軍号すら朝廷から独立していたことに注目しなければ、均衡を欠こう。強説を説かれる。これは「木を見ずして森を語る」に等しいというべき。

筆者の疑問

①日本は独立国であり、西洋人が日本の伝統と歴史を理解できないからといって何処に問題があろう。唯一神教のキリスト教を基本に考える西洋人に、八百万《やおよろず》の神、大自然の中に神々が存在するという伝統的な宗教観の中で生活を共有してきた、大和民族の歴史を西洋人に理解出来ればよいが、そのことについて西洋人が理解出来ないからといって、日本の歴史観を語ることをためらう理由がどこにあろうか。渡辺浩氏は江戸末期に日本に訪れた天皇と将軍という二本立ての政治はどちらが偉いのか、上下関係が理解できないといって天皇が徳川の上位であり、徳川が天皇の上にいたわけではない。これは二重構造に見えるが二重構造ではない。読者に真剣に問いたい。

たとえ外国人から二重構造にみえたとしても、それが外国人に理解されないからといって日本の歴史学者が自分の考えが左右されていい理由はない。自らが二重構造の徳川政権を疑問と思うならば、それはそれでよいが、鎖国的状態の日本に来た外国人が理解できないといって自説を変える理由には全くならない。

②徳川政権は、朝廷より征夷大将軍の宣下は受けているが、それは単に形式上のもので、現実には、実力で取ったものであるという説にも得心致しかねる。

　徳川家康は、確かに豊臣政権から、武力と策略で政権を手中にしたことは事実であろう。だからといって何の権威付けも必要もなければ、家康は何故に、宣下を拒否しなかったのか疑問である。織田信長が将軍になろうとはしなかったことは、誰もが知るところではないか。家康自身が、宣下を望んでいたことは明白である。林羅山の天道学に傾倒していたことも本多《ほんだ》佐渡守《さどのかみ》正信《まさのぶ》の「本佐録《ほんさろく》」にもある。

③家康は江戸に幕府をひらくにあたって、清和源氏である源頼朝が開いた鎌倉幕府の「吾妻鏡」を参考に読んでいたと聞く。ならば頼朝は誰から、征夷大将軍の宣下を何のために受けたのか。そのような解説では西洋人でなく日本人でも、将軍宣下の意味が分からないのではないのか。徳川家康は対外的に以下のように文書の発信をしている。自らを日本国王《にほんこくおう》源《みなもとの》朝臣《あそん》家康《いえやす》と紹介している（一四二頁参照）。それ以後、秀忠

も家光も同様な表示で朝鮮国にも連発していることを歴史学上、渡辺浩氏は如何様に説明されるのかしっかりと問いたい。

④将軍宣下を形骸化する理論建てとして、「大政授与不在説」や「禁中並公家諸法度」の存在が、家康が朝廷をコントロールしているから、実力政権という話もどうであろう。織田信長も公家衆を統制しようとしていた。室町幕府は宣下をどう理解して、受け止めていたかを説明しなければ、部分的に取り上げても、一般読者はそれこそ、合理的に解釈出来ない。将軍宣下の儀式は、徳川幕府にとって、最も重要な儀式と書く本が多い。筆者はどの説が正しいかは、浅学が災いしたのか判断に欠ける。唯、間違いのないのは、将軍宣下の儀式とその饗応費が、年々拡大してきた為に、三万、五万石の外様大名は饗応役を有難く思わなかった。

この説が正統であるかどうかはわからないが、将軍宣下がなければ、勅使饗応もなかったと推定することに無理がない。だとすれば、浅野内匠頭の殿中刃傷行為もなかった可能性が高い。「赤穂義士」の「忠義臣」と、その機微に訴えてきた三〇〇年の「赤穂話」は何処にその行く末を納めたらよいのか。又、公家の官職録に将軍の名前がないことが、どれほどに不都合なことかその理由がわからない。征夷大将軍よりも上位にある公家文書に徳川の名前がなくても、朝廷は、徳川幕府から支給される金額にしか関心がないのか、書き忘れただけではないか。往時の朝廷が、無理に忖度するほどの立場にあったとは思えない。これでは本当に、日本の歴史は彷徨うのではないかと懸念する。読者の皆さんのご意見をお聞きしたい。

第四節　側用人の待遇が短期雇用社員から正規雇用社員に

本来、側用人はそれほどの役職ではなく、主君の身の回り世話役という程度で、言うなれば雑用係である。従って、必ず配置するべき定職ではない。小姓上がりの側用人もいる。然し、綱吉は大老堀田正俊を殺害されて、側近、重臣を幕閣といえども信用出来なくなった。だから全て側用人を経由して聞き、直接に拝謁させなかった。ここから側用人制度が高禄の定職として、正規の職責となった。しかも老中幕閣の重臣よりも上座に就けた。この制度のおかげで浅野内匠頭の刃傷事件に対して、将軍直下の裁断が即決にされた。側用人の存在自体は特筆されるほどではないが、幕閣重臣が、将軍に直接、意見具申を出来ない制度にしてしまったことは、世間で言われる綱吉は「暗愚《あんぐ》な公方《くぼう》」

の第一歩であった。然し、不定期職であった側用人は、それ程大きな天の声ではなかったはず。それも、いきなり専務、副社長クラスに抜擢の人事である。これは必ず敵を作る人事異動である。綱吉は学者として訓示を垂れることは得意であっても、自らは実践出来ない将軍であったのであろうか。福田千鶴《ふくだちづる》氏の『徳川綱吉―犬を愛護した江戸幕府五代将軍』（山川出版社、二〇一〇年）によれば、側用人の職務は本来中奥に関する業務が主たるものであり、表に於ける老中を中心とした、表向きの政治には関わらなかったとある。そして綱吉の側用人政治は家光以来の老中合議制「幕府の意思決定の基本的な枠組み」を大きく逸脱するものではなかったのであると結んでいる。果たしてそうであろうか。最高権力者に唯一、面談を許されている側用人が、仮に伝言様式で伝えたとしても、綱吉が「そんな話はおかしい。側用人のお前はどうのように思うか」と問い直されたら、「私は聞いたことをそのまま申し上げているだけで、全く関知致しません」などと返言など、出来るわけがない。こんな解釈ができるなら、歴史学は難しくない。筆者は少し、見方を別にしているが、どちらがより正しいという議論ではない。幕藩体制が確立するに従って、国体の形成と業務の複雑化は避けられないことは、当然に想像できる。従って、この側用人政治は、ほぼ一〇〇年の間継続している。老中が側用人を兼ねることもあった。これは普段の必要性から出てきた当然なものと見たい。

筆者は側用人制度を批判するつもりは全くない。最近になって、側用人は「君側《くんそく》の奸《かん》」という評価が見直されて、その貢献度を高く評価する空気が醸成されてきているという（綱吉が制度化した側用人制は吉宗の時廃止され、御側御用取次役と改名）。この功績に大石慎三郎氏の『将軍と側用人の政治』（前出）が大きく貢献されていることに敬意を表したい。然し、他方でこんな文書も残るからわからない。

これは八代吉宗の時の秘書室長をしていた室鳩巣《むろきゅうそう》の物言いであるが、穏やかではないが面白い。曰く「両人（加納久通《ひさみち》、有馬氏倫《うじのり》）の勢、盛んにして　君辺の柄《と》（政《まつりごと》）を取られ候故、老中など　いずれも彼に媚び申さる事、目覚ましく候」とある。どんな制度にも裏があり、権力は強く、周りの衆は機嫌取りするだけ。これが世の常なのか。読者には、ご同感頂けるであろうか。

こんな話がある。徳川家康の時から、将軍の意思伝達、お触れは、書面をもってされなかった。すべて口頭で指示されていたので、合議制で閣議をして、会議録を祐筆にとらせて保存するようにと、大老堀田正俊が綱吉に、制度として取り入れさせたと見たことがある。ならばそれまでの記録はどうして、保存されたかということであるが、聞いた方の家臣が、間違えて粗相《そそう》があってはいけないから、自発的にその部署の役人が書き留めていた。家康は殊に相談はするが決定は自分でする。会議録として特に制定されてあったわけではない。

綱吉にただ伝言をするだけの目的の制度なら、幕閣、老中は全て、書面で側用人に渡し、綱吉はやはり書面で返答する形式とすればよい。その程度の役向きならば、少し仕込めば鸚鵡《おうむ》でもするのではないかと普通に思う。特に柳沢吉保は、綱吉が将軍になる以前から、儒学者として師弟関係にあった事は有名ではないか。本当にそれが事実なら、浅野内匠頭の即日切腹、お家取り潰しの将軍裁定に対して老中は得心出来なかったが、柳沢吉保は「上様の御裁断済」と言って取り合わなかったという説明の学者は全部、創作事であったのか。誰の話が正しいのか、益々もって分からない。どちらにしても、綱吉が側用人制度を常設化したことは間違いない。

この側用人の最初の登用は牧野成貞《まきのなりさだ》である。この牧野と綱吉の主従関係は館林藩の時からであり、綱吉に対する接し方を、松平輝定《まつだいらてるさだ》、柳沢吉保に対して、家臣は斯様にあるべきとしてその極意を伝承した。その内容が「柳澤家秘蔵実記」に「側用人の心得として、自分の意見は、君を思い、キッチリと言うべきところは申し上げて、全責任を取れるように、常に態度を作るべし」と言っていることは、柳沢吉保のところで、古文書を引用して読者に紹介した。しかし、側用人の政治的役割はどんなものであったか、読者は如何に解釈されるか。柳沢吉保が浅野内匠頭の切腹について、田村家の座敷内で、赤穂藩の面子の立つような処遇をしてやっていたら、赤穂浪士の吉良邸討ち入りはなかったかもしれない。これでは、やはり赤穂の浪士たちの魂も彷徨うことであろう。

次に「側用人政治」の小史を並べてみよう。先に見たように、側用人は珍しい存在ではなかったが、綱吉が常設制度とした。それなりの活躍をした側用人は、五人ほど語られている。

五代将軍徳川綱吉	柳沢吉保	大老格以上	一五万一二〇〇石
六代将軍徳川家宣	間部《まなべ》詮房《あきふさ》	老中格	五万石
七代将軍徳川家継	間部詮房	老中格	五万石
八代将軍徳川吉宗	加納久通	御側御用取次役（新設部署）	一万石
八代将軍徳川吉宗	有馬氏倫	御側御用取次役（新設部署）	不明
九代将軍徳川家重	田沼意次	御側御用取次役	五万七千石

十代将軍徳川家治　田沼意次　御側御用取次役　五万七千石

第五節　徳川綱吉の学者政治

その一「仁政《じんせい》」とはどんなものか――思いが先行する「なんでも自分でしたい君」「仁政」とは情け深い、思いやりのある政治の事をいう。儒学に無い言葉であるから、仏教用語であろうと言われている隆光僧正《りゅうこうそうじょう》あたりの知恵かと思う。生類憐みの令と呼ばれる、御触れのなかでも綱吉自身が戌歳生まれであるから、犬をことさらに大切にせよと命じたように伝えられる。これも、綱吉の実母、桂昌院に隆光僧正が付けた知恵が発端と言われている。公方様の学識、習いは儒学は林鳳岡信篤《はやしほうこうのぶあつ》、木下順庵《きのしたじゅんあん》、そして神道は吉川惟足《よしかわこれたり》に学んだ。このように綱吉は、大変な博識将軍で、没後も通称「憲廟《けんびょう》」と呼ばれ祀られている。ところで、廟というのはどんなものかご存じであろうが、不案内であるといけないから、ちょっと紹介をしておくことにする。「廟」とは庶民のお墓と同じであるが、墓と違うところは、墓の上に敬意を表して祀る建物があることである。そして、将軍本人の没後、在りし日のその人柄を偲んで、関係する識者が法号を決める。綱吉は憲廟とよばれ、関係者は誰もが知る。因みに、歴代将軍の法名、廟名を筆者が知る範囲で、少し並べてみる。

①　徳川家康《とくがわいえやす》　安国院東照大権現廟《あんこくいんとうしょうだいごんげん》　②　徳川秀忠《とくがわひでただ》　台徳院廟《たいとくいん》　③　徳川家光《とくがわいえみつ》　大猷院《たいゆういん》廟　④　徳川家綱《とくがわいえつな》　厳有院廟《げんゆういん》　⑤　徳川綱吉《とくがわつなよし》　常憲院廟《じょうけんいん》　⑥　徳川家宣《とくがわいえのぶ》　文昭院廟《ぶんしょういん》　⑦　徳川家継《とくがわいえつぐ》　有章院廟《ゆうしょういん》　⑧　徳川吉宗《とくがわよしむね》　有徳院廟《ゆうとくいん》　⑨　徳川家重《とくがわいえしげ》　惇信院廟《じゅんしんいん》　⑩　徳川家治《とくがわいえはる》　浚明院廟《しゅんみょういん》　⑪　徳川家斉《とくがわいえなり》　文恭院廟《ぶんきょういん》　⑫　徳川家慶《とくがわいえよし》　慎徳院廟《しんとくいん》　⑬　徳川家定《とくがわいえさだ》　温恭院《おんきょういん》廟　⑭　徳川家茂《とくがわいえもち》　昭徳院廟《しょうとくいん》　⑮　徳川慶喜《とくがわよしのぶ》　神道に改宗の為、廟なし

その二　御触書による連発指令

武家諸法度に見る、超真面目な性格である将軍。発布した御触書は、三〇〇以上あるようにも聞いたが、もっとあるかもしれない。将軍がその座に着いたら、まず、禁中並《ならびに》武家諸法度を布令する。この中身は色々で何通もあるが、それらの総称で諸法度と呼ばれている。綱吉が出した武家諸法度は、やはり、今までのものとは違った。どこが違うか原文で示す。皆さんも歴史研究家の心境になろう。

天和《てんな》三（一六八三）年亥年七月

天和の武家諸法度

（釈文）

一・文武《ぶんぶ》忠孝《ちゅうこう》を励《れい》し、可正禮儀《れいぎをただしくすべき》の事《こと》、

（解説）

学問、武術、忠孝に励み礼儀正しくすること。今までの、武家諸法度の第一文は、まず、最初に「**文武《ぶんぶ》、弓馬《きゅうば》を励行《れいこう》し、専《もっぱ》ら為《な》すべし**」で始まっていたが、綱吉の法度は最初から「**文武《ぶんぶ》、忠孝《ちゅうこう》**」ときた。これは儒学思想の根本的思想である。儒学者将軍の面目躍如である。確かに、時代の潮流は変化していた。戦の無い時代においても、「武」は疎かには出来ないが、「文」を励み天下に仕えよという事であろう。どこもおかしくはない。武士であったものが、「士大夫《したいふ》」として忠義に励めという訓示であろう。更に突出した事例が挙げられていた。

（釈文）

一、喧嘩《けんか》口論《こうろん》可加謹慎《きんしんをくわうるべし》、私之争論制禁之《わたくしのそうろんこれをせいきんす》、無拠《よんどころなく》子細有之ハ《しさいこれあらば》、達奉行所《ぶぎょうしょにたっし》、可受其旨《そのむねをうくべし》、不依何事《なにごとによらず》令荷澹《かたんせし》は、其咎人《そのとがにん》より重《おも》かるへし、（中略）

（解説）

喧嘩、口論は、加えて慎むべし。個人的な争いもこれを禁止する。若し解決する事が出来なくてどうしようもない時は、奉行所に行き、その裁定を受けること。何事によらず、その争いをけしかけた者の罪は、犯行の実行をした者よりも、罪が重い処罰とする。

この一文も凄い。罪を憎んで人を憎まずの先を行く発想である。

その他にも、「殉教死の禁止、大船製造禁止」などがみられたが、綱吉将軍は本気で真面目にやっていたが、何事も自分でする率先垂範型の将軍様であったから、家臣も諸大名も町民さえも怖がってしまった。ご本人はあくまで、皆の為に「仁政」を推進したに過ぎない。

然し、この後に出た「生類憐みの令」や、「倹約令」が庶民にとどめをさす。

その三　真意が伝わらなかった、生類憐みの令

我々が、日本史を学んだ時は、「生類憐みの令」は天下の悪法であり、五代将軍徳川綱吉は「暗君」「暴君」のイメージで語られてきた。それが今日、綱吉の評価があがり、冷酷な馬鹿殿様ではない、充分に思慮ある、優秀な将軍という言い方をしている学者が多い。残念である。「暗君、暴君」だと教えてきたのは、先行学者ではないかと思うが。同じく、田沼意次についても、悪辣きわまりない奸臣が如き話であったが、最近は、財政投融資を考えて、デフレ政策を実施した賢い老中だという。そして、今頃、田沼意次の老中職を称えない人は、歴史を充分に、勉強してきていない人ですと平気でいう。全部、学校で習った事ばかりであり、専門学者が歴史の文書を大事に蔵庫してきた結果であると思えてしまう。我々初心者や読者には何の恥ずるところも、憶《おく》するところもないと思うが、読者は如何に思われよう。今でも、九〇％の古文書が解読されずに残されている。日本の歴史を、手を付けた一〇％の解読で語ろうとするところに、問題があるのではないだろうかと疑念が湧いてしまう。高齢者が、日本史の一部でも話せば、だから年寄はダメだよなんて言われてしまう。どこに、歴史を学ぶ賢者となれよう。今、得意げにしている君たちも中年になれば、「そんな歴史は古い、古いよ、おじさん」なんて

言われることを、予想出来ているのか。

話がそれてしまったから戻そう。綱吉は何度も言うが、学者将軍で沢山の高弟がいる。綱吉から儒学者を紹介されて、得意げに藩校を建てた大名もいる。二〇〇回以上の講演をして得意げにしていた。しまいには、僧侶も神官も綱吉の前に競って並んだらしい。悪気なんてどこにもない。前にも見たように生類憐みの令という法令があったわけではなく、神仏儒学の融合が、命を粗末にしない、生き物には皆生命がある。殺せば血が出る。血は穢れである。綱吉は此の「穢れ《けが》」を極端に嫌った。元来、天皇一族も奈良時代辺りから、戦《いくさ》、殺し、流血を穢れたる事として、忌《い》み嫌った。

一六八五年七月に「将軍の御成道筋に、犬や猫が出てきても、かまわない」と命じた法令（「江戸町触集成」）が最初と言う説を支持するが異論も多いと、前述の福田千鶴氏は自書に紹介する。これらの生類を殺してはならない案件の御触書は全部で一一六回（小川和也『儒学殺人事件　堀田正俊と徳川綱吉』参考）出されたとある。本にもよるが一三〇以上と書く学者もある。最新情報の小川説に頼るが、何故に統一されないのか。それとも日々、御触書が発見されているのであろうか。よくわからない。

犬を特に可愛がれとかの話は俗説であろう。「御当代記」の話は綱吉批判が多い。唯、江戸市中の人口増加と流入が多くなれば、野犬や野良猫も増える。家畜も人家と別棟で飼うようになれば、勢い死骸を放置することにもなり、病害虫を避けるために、為された人道的な考えに基づいた政策であったとする、擁護論も侮《あなど》れない。この法令の中には、犬以外に、捨て子・捨て馬・鳥・鷹・鉄砲もあった。陰で犬を食する集団もあったように文献にある。綱吉の届かなかった「仁政」の生類憐みの令は、綱吉没後、即廃止されたが、その精神は八代将軍の徳川吉宗にまで引き継がれて、捨て子政策や行倒れ政策までに及んだ。

綱吉の政策のひとつの方針は倹約令である。貞享三年（一六八六）には「贅沢禁止令」が出され、町民の服装、食い物にまで及び、初物、旬ものは贅沢食品とされ、禁止された。また、魚の料理は、刺身は血が出るから禁止で、煮つけにするべしというお触れや、元禄九年（一六九六）には飲酒抑制令が出された。客に酒を強要することは無用であり、酒癖の悪い者に飲酒させた者も落ち度にし、酒商売そのものを逐次減らす方針だったようである。また、天和元年（一六八一）五月八日、上野東叡山寛永寺の霊廟に参拝した折、浅草の豪商・六大夫が、綱吉の行列を家族づれで見物に来ていたら、その時の衣装が華麗に過ぎるとして、六大夫の屋敷地を取り上げ追放処分にしている。然し、ここまでくると落語噺《らくごはなし》か事実かどうかもわからない。

その四　財政再建、倹約令、でも神社仏閣は別経費

花のお江戸は、元禄狂瀾で、外見は華やかであったろう。これはこれで、一部の側面であった事実かもしれない。世の常で、光のあるところには闇もある。黄金の国ジパングでも見たが、往時の日本は、外敵に侵略されるという心配もなく、朝廷だけ手懐《てなず》けていれば、それなりに国体は安定していた時代である。然し、諸大名はそうではなかった。「恐怖の政治」といえる。学者将軍綱吉はどこでどんな御触書を発布するか、又放つ隠密お庭番の潜伏に怯えた。

事実、綱吉は贅沢三昧、泰平の御代と言われながら、他方で外様大名を二八家、親藩、譜代大名を一七家、旗本を一〇〇家程、取り潰している。防衛手段のない大名は、綱吉のもとで講義を受けて機嫌をとるか、綱吉推薦の儒学者をお迎えして、お側用人柳沢吉保との「報・連・相」を磨くしかなかった。「神・仏・儒学」の融合を林家にさせて、あらゆる「文政・仁政」を理由に、取り締まられていった為、全国二六〇の諸藩は殆ど幕府の機嫌取りをするしか術がなかったであろう。「仁政」の為に、神社、仏閣に対す

る見識は又別物である。取り締まる他方で、隆光僧正の影響もあり、桂昌院（綱吉の実母）が仏教に深く帰依していた為、寺領・僧・神の経費と朝廷の分領は増額された。全国で神社仏閣の造営、修繕は一〇六件。この様に町人の暮らし向きまで、自らチェックを入れたいお人で、倹約令の乱発で取り締まりの経費が一〇万両にものぼった。この綱吉の「小心者の専制君主」を承知していたら、浅野内匠頭も、勅使饗応役の位置付けをしっかりと認識すべきであったのではないかと、残念でもあるが歴史は変わらない。

その五　元禄貨幣の改鋳

先にも見たように、日本の金銀の産出量は、灰吹法《はいふきほう》を取り入れてから、国のサイズの割には裕福であったと言える。元禄八年（一六九五）、徳川幕府の貨幣史上、初めての大規模な貨幣改鋳に踏み切った。この手法は、慶長大判、小判の金の含有量を減らして、金貨の数量を増やすという、金本位制の原則を崩すことになる。日本の貨幣は経済が発達してきて、貨幣が不足し改鋳をしたことはあっても、国家財政の基本原則を改変するようなことの経験はなかった。これは当時の感覚と経験から見れば、素人感覚では分からない。この手法は簡単に言うならば、小判の中の金の含有量をどの程度に減らすかということである。そこで、幕府は勘定吟味役として、荻原重秀《おぎわらしげひで》（三八歳）を登用した。この荻原重秀なる人物はどこの誰かというと、旗本御家人であるが、若くして才のある中々の切れ者であったと評されていた。筆者も良くは知らないが、村井淳志《むらいあつし》氏の著書『勘定奉行《かんじょうぶぎょう》荻原重秀《おぎわらしげひで》の生涯《しょうがい》』と田谷博吉《たやひろきち》氏の『近世銀座《きんせいぎんざ》の研究《けんきゅう》』に詳しい。つまるところ、小判の金の含有量を三二％減量して、その代わりに銀の含有量を増やして体裁を繕《つくろ》った。然し、銀の含有量を増やした小判の色は、慶長小判に比べればやや白い。外見ですぐ、見分けの付くものであったらしいが、荻原重秀は一向に構わないと進言し、元々、貨幣の役割は、幕府の信用のもとに効用されるものであるから、金《きん》でなくても瓦《かわら》で作っても同じ効果があると具申して、改鋳したと言われる。この見識は兌換紙幣として、現在でも通用する解釈であり、この勘定奉行の見習いは天才の名をほしいままにしていたらしい。

この改鋳で、荻原重秀は徳川幕府に五〇〇万両の金在庫をプレゼントして、正規の勘定奉行に昇進した。然し、この荻原という人物は本来の氏素性が悪かったのか、この改鋳で自らにも二六万両のプレゼントをし、私腹を肥やしていたと言われ、新井白石と激論して退陣を余儀無くされたが、現代では新井白石のインフレ理論のほうが間違っていて、荻原重秀のデフレ改善論のほうが正しかったのではという意見も多いらしい。小判増鋳の割に物価の上昇は年率三%程度という事であるが信じ難い。豪商が改鋳前の慶長小判を交換せずに貯めこんだことが、激しいインフレを調節するという偶然もあったのではないかと、素人判断をするが全く説得力はない。何れにしても、幕府は綱吉の倹約令にある如く、経費削減の施策らしき対応を迫られた。因みに朝鮮通信使の饗応接待費や、参勤交代の経費も人数制限をされていた。参勤交代の行列内容も華美にならないように、身分を超えた行進を止めるようにした。これらの社会的、経済的背景が、浅野内匠頭の勅使饗応経費も、削減して当然という感覚にさせてしまったのではないかと、読者と共に「沽徳随筆」で読んで理解した。

ところで、ひとつ豆知識をお知らせしよう。読者が最もよく知る奉行は誰であろうか。恐らく、大岡越前守忠相《おおおかえちぜんのかみただすけ》（一六七七～一七五二）であろう。江戸町奉行としてよく知られるが、寺社奉行も歴任している。大岡裁きとして映画、舞台でも有名である。実在の人であるし、歴代将軍四人に仕えている。

先に見たように勘定奉行として名を知られた荻原重秀をここで記憶に置いて頂きたい。この町奉行と、勘定奉行と、寺社奉行の中で、どのポストが一番高いと思われるか。元禄の江戸幕府の位置づけでは、寺社、勘定、町奉行の順であったと思う。

ついでに、長谷川平蔵宣以《はせがわへいぞうのぶため》、鼠小僧《ねずみこぞう》（葵小僧説もあり）、石川五右衛門《いしかわごえもん》、旗本退屈男《はたもとたいくつおとこ》（早乙女主水之介《さおとめもんどのすけ》）も実在した歴史上の人物である。

その六　即断、お家断絶、その身は切腹。本当の理由

何度も言うが、徳川綱吉は儒学者将軍であるために、信念が強い。儒学は現世を肯定する実学であり、新儒学と言われる朱子学は、徳川幕府の官房学である。それに対して、仏教、神道は現世を否定する。現世の不都合さを、過去の行いや、現世を否定して、来世に希望を繋ごうと、信者に訴える非現世学である。従って僧侶自身が聖人になるための強度な修行を実行しその経験で信者に説法をするということが求められる。実学である儒学は、現世肯定であるから、必要に応じて方法がないとなれば、止むなしで相手を討つことも厭《いと》わない。妻も娶《めと》るし、不倫も否定しない。但し、妄《みだ》りに蛮行を容認することではなく、倫理感は強い。自分も他人も、認めさせる理論の展開を用意する。仏門では隠れて、酒も飲み、女も嗜《たしな》む。神道においては、女御は余る程侍らせる。朱子学においては「君、君足らずとも、臣、臣足れ」の絶対服従の君と臣の序列は永久に変わらない。

儒学の概論を理解して頂いたら次には、綱吉の儒学的思考から、「穢《けが》れ」をどのように理解して、諸大名と大江戸の町民に何を期待していたのか詳しく説明したい。本書の目的はここにあるから、しっかりと理解して頂きたい。

「穢れ」という言葉の意味は①汚いこと、不潔。不浄。②神前を憚る。③汚点とある。どれをとっても、良い言葉は並ばない。神道、儒学ではこの「穢れ」の代表格に「血」を置いて考えている。それも、些細な流血でも忌み嫌った。

「喪《も》に服《ふく》す」という言葉がある。これは近親者に死者が出たときなどに、穢れが発生したとして、自宅謹慎する忌引《きび》きの日数を決め、血の穢れを排除する期間を予定する制で、朝廷や神道に於ける習俗で、神や聖・清浄の観念があるが、儒学に於いても、死者の親族が予定通りの期間を喪に服すことをならい、家族・親族の序列を明確にすることにより、上下関係身分を確認させる目的があったと、前述の福田千鶴氏の著書に明記されている。

綱吉は厳格であった。殊に「血の穢れ」に対して強い思いがあった。出血は三滴以上出れば、穢れになるという概念を持っていた。これは神道を旨とする、朝廷にも、動物ごとに穢れの日にちが決められている。例えば、豚、羊、犬などは七〇日、牛馬ならば一五〇日の間は穢れの為に、食することは良いとはしない。これを「食穢規定《しょくえきてい》」として、綱吉は思想的に服従していたと言われる。将軍家の行事もそれに準じて催されたであろう。こうして、戦国時代以来、人を殺すことが価値であり、主人の死後、追い腹を切ることが美徳とされた武士の理論は、死の穢れと共に排斥され、武家社会にも朝廷の概念が伝承された。綱吉は昆虫をも殺すことを嫌ったことは前にも触れた。生きるものを殺生すること自体が良くないという、具体的な御触書の総称が「生類憐《しょうるいあわれ》みの令《れい》」である。

浅野内匠頭の行為の罪は、吉良上野介に対する「刃傷事件」もさることながら、その行為から生じた結果である出血の状況が許せなかった。そして、その血が勅使饗応の舞台である、白書院の畳を汚した。関東の武家社会は公家の仕来りを実践出来ない、野蛮な政権であると思われることが、綱吉にとって堪《たま》らない屈辱であったのではないかと推論する。綱吉にとって、浅野内匠頭の殿中刃傷は、喧嘩でも私怨でも、浅野内匠頭に対する裁定の即断は当然の結果である。既に、かなりの大名や重臣たちを責め、廃藩してきた。その中でも、浅野は将軍家の指導を全く理解していない行動をとってしまった。そんな赤穂藩主は綱吉政権には必要のない人間である。喧嘩両成敗といわれた巷の定説は全く裁定の対象にならない事件であった。

諸大名達も綱吉の心底を充分に理解できなかったから、大騒ぎになったのではないか。武家集団が理解できない綱吉の儒学思想は、大江戸八百八町の碩学者《せきがくしゃ》もわからない。わからないから、みんなで悪口の言い放題になる。切腹、お家取り潰しによる赤穂藩の一族郎党の行方を読者はご理解して頂けたであろうか。

「喧嘩両成敗法」という法が戦国時代に今川家に存続していたことを、ご存じであろうか。少し説明しよう。この喧嘩両成敗という概念は、戦国の世から、二十一世紀の今日に於いても、理解しやすい感覚であろう。近世の江戸時代にも、当然、庶民に理解されている道理であり、寺子屋教育でも常用された説話であろうことは想像できる。このことについて、綱吉がお得意の御触書で充分に説明すれば、赤穂藩の取り潰しと切腹は避けられないが、赤穂浪士達の吉良邸討ち入りはなかったと思うがどうであろう。そうすれば、「赤穂義士の武士の鑑や義士伝」は語られていただろうか。明治以降の負けを知らない「大和民族の不敗神話」「神風神話」も薄くなっていたのではなかろうかと、読者に伺ってみたい。当然かなりの反論もあろうが、少しは歴史が面白くなったという感想も期待したい。綱吉時代でなくても会社経営者の高邁《こうまい》な「理論、理念、理想」が理解できなくて、不遇をすごした方もいるであろう。

ここで、「御当代記」の筆者である戸田茂睡（一六二九〜一七〇六年）を紹介しよう。既に、筆者はこの「御当代記」を引用している。紹介する前に引用しなければならない程、元禄時代と綱吉に全て絡んだ書物である日本史上の一級文献である事と、元禄期の江戸庶民の感覚を適切に描いているからである。書き始めは、綱吉がまだ館林の藩主であった時から、五代将軍の継承の秘話を掴み、綱吉が没するまでの時代の進行を庶民の目で捉えている。何処でこれだけの情報を知り得たか分からない。旗本の出自であるが、故あって歌人となり、公家との交流も深い。歌学に通ずるとあるから、公家より和歌、連歌についても心得があったと思う。筆者が一番興味深いのは、武家では出来ない、綱吉治政をかなり鋭く批判しているところにある。これが横流れしていたら、茂睡のお首が飛んでいたかもしれないが、どうしたことか明治の時代まで誰の手にも掛からず、温存されていたらしい奇跡の文書とされている。やや、記載内容が大袈裟かと思われる感じもあるが、具体的な幕府内密情報が多すぎるところに、幾分懸念する。その極め付け文を付け加えたい。

綱吉の倹約令に、「酒屋に女を揃えるな」の話は前にした。その次には、「江戸市中の茶屋どもに茶振女を置くべからず、たとへ娘よめ女房なりとも、若キ女ならば店におくべからず、（中略）餅も贅沢もので禁止の御触れ。更に、日本一自慢の表記を使うべからず」、自慢話は喧嘩の原因になるから店頭の看板にも、江戸一番とか日本一番の表現はご法度となった。金箔の使用も禁止であったから、着物の裏地に金糸の刺繍を粋にこなした江戸っ子である。このような綱吉の「元禄恐怖の治政」を一番心配していたのは、実母の桂昌院で、老中の堀田正俊や、側用人の牧野成貞（館林藩時の家老職）に、実子の綱吉に恐れず諫言をするようにしっかりと申し付けていた。その結果堀田正俊は、綱吉に対する諫言が行き過ぎて遠ざけられた。これらの事象を、どうして戸田茂睡が知り得たのか、誠に不可解であるが版元の東洋文庫の解説にもない。

第五章　徳川幕藩体制に及ぼした儒学の影響

第一節　日本儒学の醸成

徳川家康が豊臣秀頼から政権を奪いとったという言われ方が、歴史上は普通に語られる。先にも「狸」の二つ名で呼ばれてしまうところは何処にあるかという概要には触れた。ここでは、儒学、朱子学をどのように取り入れたかを具体的に解説する。

儒教は継体《けいたい》天皇（四五〇～五三一年　不詳）の時、百済より五経博士《ごきょうはくし》が渡日した時より始まる。それまで日本には、天皇家を中心とした神道が、唯一神教ではないから立場を競うことはない。啓蒙、伝播はしやすいのではと思われた程度であるが、その後、拡大はなく、儒学は室町時代に五山、七僧の隆盛時代まで不遇であったと言える。朱子学が初めて時の政権と融合できたのは、後醍醐《ごだいご》天皇の時、玄恵大僧都《げんえだいそうず》が側近として仕えた時である。後に南北朝から室町時代にかけて京都五山、鎌倉五山で儒学は研究されたがまだ日の当たる存在ではなかった。日本思想史に登場するのは、藤原惺窩《ふじわらせいか》（一五六一〜一六一九年）であろう。この惺窩が優秀な若手儒学者として、褒め称えた人材が林羅山である。その天才ぶりをこのように表現しているから紹介する。

藤原惺窩と林羅山との対論で、互いに融合できることはなかったが、惺窩は、羅山からの質問書簡に答えて、「林秀才に答ふ」として「羅山の見解は分析的であり、峻別的であり、藤原惺窩の態度は総合的であり融和的であった為、二人の結論は必ずしも一致するところはなかった」と、息子の鵞峰が父羅山と惺窩は才能を認めあっていたという。羅山は惺窩を師として、弟子入りをしている。時に、羅山二二歳。その才能故の危惧を愛弟子に諭している。

曰く、「汝は何を以て学と為すと謂《おも》ふか。若《も》し、名を求め利を、思わば、己の為にするものに非ざるなり。若し又、此を以て世に售《う》（売同意語）らんと、欲するならば、学ばざるの愈《まさ》れるに若《し》かざるなり」（『羅山林先生文集』第三十二巻）、（揖斐高著『江戸幕府と儒学者―林羅山・鵞峰・鳳岡三代の闘い』中公新社）

（文意解釈）

名士や出世を求めてする学問ならばしないほうがよいという惺窩のこの忠告を胆に銘じて書き留めた。羅山の暴走を危惧して、諫めつつもなお謙抑《けんよく》（へりくだり、謙虚）な姿勢を崩さない若き羅山と老師、藤原惺窩という両者の姿が、ここに現れている話である。それだけ、羅山が儒学、朱子学に向いている性格であったという事であろう。

前述したが、儒学は現世を否定しない学問である。その代わり、理論武装に長けている。口攻撃や理論攻撃に対して、手段を択ばないところがあり、敵も作るが、友も弟子も明晰な人材が多い。惺窩はそこを心配したが、羅山が可愛かったのであろうし、なによりも、その才覚に惚れていた。この羅山の才気が徳川家康との出会いで発揮され、家康の人生も羅山の人生も大きく変えることに成功し、お抱え文士として雇われる。然し、家臣としてではなく、職能資格として学者配属とされた。その若き才能を藤原惺窩が家康に紹介したことによる。羅山の職能について、朱子学と説明する学者も多いが筆者は儒学者が本分であるととる。朱子学は儒学の一部で新儒学と言うべき立場をとるが、後世に大差はない。林羅山は仏僧の姿で、家康に拝謁している。その時代の儒学者という立場は、決して一人前とは扱われていなかった。前に紹介した渡辺浩氏の著書『近世日本社会と宋学』二三頁に、面白く紹介されているから引用する。

「本来、江戸幕府は武家の政権であり、侍たちの社会では『学者』」は其の特殊性故に一面で尊敬されたとしても、通常現実政治からは隔離されていた。時代が下がっても、「儒教者なるゆえ世事はしらぬはず、政事など青表紙の儒者などとなることにてはないなど、用に立たぬ者のように思われ」（中略）「我邦の学者は、世と関係せざること贅疣《ぜいゆう》（こぶといぼ）の如く」であると一文を紹介している。行動よりも理論が先行するだけであるという。事実、彼らは武士ではないから、徳川幕府の家臣ではない。お抱え学者で、武士の本分であるところの、いざ戦になったとき役に立つものではないとする。儒学者たちはこの様な希薄な立場で、武家社会である徳川幕藩体制下に、理論だけで入り込んだ。やがて、羅山の孫の林鳳岡の時代には、儒学者将軍綱吉のもとで、昌平坂の学問所の大学頭となり、剃髪を止め（それまでは坊主頭）、官職を得て幕府の表舞台に出る。鳳岡は、赤穂事件に対して「復讐論」を著し、幕府と綱吉の「治政」に参加することになる。この部分は、後節にて触れることにする。いずれの解釈にしても、徳川幕藩体制下に於ける、儒学者「林羅山」の存在は大きい。後節の方広寺案件もあろうから、羅山の出自を紹介する。

●林羅山

天正一一年（一五八三）京都生まれ、明暦三年（一六五七）没、林信時の長男。織田信長が本能寺で暗殺された翌年である。林家はもとは加賀国の士豪であったが、羅山の時代は京都の中流町人になっていた。羅山の生活環境は実父も二人の異母兄弟も仏門入りしており、学問を学ぶ立場としては、それなりの生活であったから、当然のように羅山も剃髪をして建仁寺に入門した。十三歳であった。当時の仏教寺院は学校でもあったが寺子屋というものはまだない。羅山は入門時から才能を発揮した為、周囲は羅山を本物の禅僧にしたくて勧めたが、出家を嫌い実家に戻った。その理屈に曰く。

「出家をするということは、現世を絶ち、父母と縁を絶つということであり、先祖の霊を祭る子孫を持たないということ。これ以上の不幸はない」ということである。その後、師匠の藤原惺窩の紹介で、徳川家康に拝謁《はいえつ》、その才能でお抱え学者となる。十五歳、年俸三〇〇俵とりであった。前にも見たように、幕府は儒者を学者として迎え入れる職制ではなかった。この時、羅山は剃髪・法体を命ぜられ、道春という法号で、僧侶として出仕した。出家は人倫に背くとして、僧侶になることを拒否して建仁寺を出たにもかかわらず、儒者が儒服としての深衣《しんい》を着することに執心した羅山としては、剃髪・法体を命ぜられ、それに従わざるを得なかったことには忸怩《じくじ》たる思いがあったことは充分想像できるが、ここからが儒学者羅山の論理である。「剃髪・坊主姿は得心ならざれども、理念は理念」である。ここは、徳川家康から、職を貰うことが優先する。一時の恥辱は耐え忍び、「大義」の前には、自らを説得する理論が用意できる許容を持つこと、理性を優先できるところにある。まず、現実を肯定する儒学の本質である。目的をとるためには、別の理論を建てる器量を持つ。この忍耐と執念が、大坂冬の陣、夏の陣の家康の粘り強い作戦に表れてくることになるから、年俸三〇〇俵は高くない。

●方広寺の梵鐘《ぼんしょう》事件《じけん》

この事件に登場する学者は沢山いる。どれが本当の主役かわからないが、羅山は間違いなく主役級で登場している。神祖、徳川家康の人格について、色々取りざたされたりするのは、この方広寺の梵鐘の刻印を巡ってあえて論争とし、これが最後の戦という場面を演出した。その論争の攻防のあり方に日本人として釈然としない人が多い。そこが何となく、家康がダークなイメージで語られてしまう一面ではなかろうか。読者の中にも信長、秀吉と比べた場合に、素人受けしない方々もあるのではないか。

豊臣方に付けたごり押しの難癖であるが、全て、羅山が家康に囁いた知恵である。このような家康が難問に困って、お抱え学者に問い尋ねたことに理をもって解答することを「勘文《かんぶん》」という。今回は如何様にでも屁理屈を付けて、徳川の正当性で、豊臣を追い詰める為の材料が欲しかったことであろう。順を追って説明する。

徳川家康は慶長八年（一六〇三）征夷大将軍に任ぜられて、江戸幕府を開いていたので、政権は既に徳川氏に帰属していた。しかし、大坂には豊臣秀吉の嫡子秀頼が六五万七〇〇〇石の一大名であったにもかかわらず、豊臣恩顧の大名たちに守られ、まだ隠然たる力を持っていた。

この「豊臣恩顧」という表現はよく使われるが、それまで豊臣の政権であったから、当然ともいえるが、それは征夷大将軍の名のもとに幕府を開いた徳川氏に対する正当性を認めたくない大名たちが、沢山いたということである。さらに、家康は慶長十年（一六〇五）将軍の座を嫡子秀忠に譲って隠居していたが、大御所として権力を掌握しており、家康は実子の秀忠と豊臣秀頼を比較した時に秀頼の凛凛《りり》しい風格に不安を感じたと言われている。このままでは、徳川政権の継続は危ういという事を感じたのであろう。徳川政権は家康に臨時的に与えられたような、諸大名の見方があることを自覚していたのではないか。それを秀忠に世襲、譲渡したことに後ろめたさがあったのであろう。どうしても秀頼を追い込み、一介の弱小大名に抑え置きたかったのであろうか。それにまだ時世は上方中心であったことや、朝廷は京都にあった為、文化と経済は関西エリアの影響が中心であった。家康は大坂方の秀頼と豊臣の信頼と財力をなきものにしたいということであろう。この家康の心配ごとの心底を察知して、膝《ひざ》を躙《にじ》り寄《よ》せたのは側近儒学者の林羅山である。しかし、羅山の知恵が全てであったということはないであろう。家康の周りには沢山の知恵者がいた。羅山は三二歳の若輩であり、全幅の信頼はない。唯、予てより家康は、羅山の屁理屈の理論付けには、一目おくだけの才能は感じていたのではないか。後世に側近の羅山の名が残ること自体、それなりの活躍はあったものとみる。因みに、家康の側近には板倉勝重《いたくらかつしげ》、金地院崇伝《こんちいんすうでん》、南光坊天海《なんこうぼうてんかい》、本多正信《ほんだまさのぶ》、本多正勝《ほんだまさかつ》などがいた。

豊臣秀頼は一五九六年の大地震で崩壊した方広寺を再建するという。豊臣、徳川の共同作業であった。ところが、その梵鐘に徳川家康にとって不吉な文字が刻印されており、徳川家を呪詛するが目的の漢文であるとあらぬ疑いを受けた。全文をならべれば長いので、徳川方の申し分のみを説明する。

問題の梵鐘に漢詩らしき記念の長文が刻まれてある。その中の一句に「国家安康《こっかあんこう》」、「君臣豊楽《くんしんほうらく》、子孫殷昌《しそんいんしょう》」とある。この漢文を書いたのも高名な僧侶であり、難癖をつけた京都五山の僧侶南禅寺の文英清韓《ぶんえいせいかん》も高名な人材であったが、風は徳川に流れた。充分ではないが説明しよう。問題の個所である「国家安康」の四文字は家康の名前の間に、「国」という文字と「安」を入れ込こんで二分している。「これは家康の首を斬り離すことを考えた一文である」とし、後にある「君臣豊楽、子孫殷昌」の二文は、「豊臣家とその一族は栄える」の意味である。共同作業の梵鐘にこのように厄文文字を刻印するという事実は許せないとねじ込んだ。秀頼は以後大坂城を開城して一大名となり、徳川に恭順の意を示して浪人たちを放てと交換条件で臨んだ。当然、秀頼は無体な言いがかりとして、全て拒否して戦の道を選んだ。これで豊臣方はすべて散り、秀頼と淀君は自害して果てた。この流れは徳川方の目算のとおりであるが、このシナリオを創ったのが、側近儒学者羅山であると言われている。羅山の実学論法が如何なく発揮されたところであろう。これらの解読は確証ではない。歴史の一部として語られているということである。焦点は、徳川政権に儒学者が如何に職場を確保していったかという程度に、読者には認識して頂きたい。理屈は後から付いてくる、まず相手を抑え込むことであろうがみだりに相手を殺しはしない。秀頼は自害している。羅山、鵞峰、鳳岡の三代で学問の最高位について、大学頭林家《だいがくのかみりんけ》の官職を得ることに成功した。羅山は現実主義者である（ここから林家は家臣となる）。

●「本佐録《ほんさろく》の天道《てんどう》説」

本多佐渡守正信《ほんださどのかみまさのぶ》を紹介しておかねばならない。この天道論が五代将軍綱吉の治政の行方に大きく関係していく。儒学者の羅山以外に、家康の君主たるべき道はかくあるべきとして、君主の天道論をといた苦労人。

まず、「本佐録」の作者と言われる本多佐渡守正信の出自から始めよう。

本多佐渡守正信（一五三八〜一六一六年）、二万二〇〇〇石。この人物は家康のもとで、名参謀として、徳川政権の確立に大きく貢献しているが、それまでの経緯がややこしい。元々は家康と同じ三河の生まれである。永禄六年（一五六三）、本多正信は三河一向一揆が勃発した時に、理念が合わず家康と袂を分かち、一揆側について家康と戦ったがその理由は判然としない。その後、松永久秀《まつながひさひで》に仕えたが、分かれて慶長五年（一六〇〇）加賀一向一揆に加担して織田軍に破れた。その後、理由はやはり判然としないが、徳川に仕えている。それらの本多正信の放浪の本当の理由は分からない。一説では途中で羅山に遭遇し儒学にかかる君主天道訓を教えられ、恩返しに家康に嘆願したとの話もあるが分からない。いずれにしても、覚悟を決めた出戻りの仕官であり苦労人であった。正信の作品と言われているこの「本佐録」は中身が出来すぎているため、羅山経由で、藤原惺窩が書いたものが流れて、本多家の家系に辿り着いたのではといわれる。真相は分からないが正信の甥、本多豊前守正貫《ほんだぶぜんのかみまさつら》の蔵本として残る。本多家が伝えて曰く、本多正信が二代将軍徳川秀忠を名君にするべく説いた、教本であったと伝える。その内容から判断して、「著者は初期の徳川政権の実態に相当通じた人であり、天下国家の治乱盛衰、人君の存亡、君・臣の理想像、大名・百姓の統制策、国家興亡の歴史とその原因などを具体的に説いたものである」とある。

「天道を知る事」の原文を引用する（「本佐録」『日本思想大系　二八』、岩波書店、一九七五年、二七七頁）。

天道とは、神にもあらず、仏にもあらず、天地のあいだの主《ある》じにて、しかも躰なし。天心は万物に充満して、至らざる所なし。縦《たとえ》ばひとのこころは目にも見えずして、一身の主じとなり、天下国家を治《おさめ》る事も、此心より起ルが如し。彼《かの》天道の本心は、天地の間太平に、万人安穏《あんのん》に、万物成長するを本意とす（以下略）。

次に「身を端《ただ》する事」を引用する（二七八頁）。

天下をもつ人は、身を端し、心を誠にして、天下泰平に万人安穏に政を行う時は天道にかなう、若し私欲にふけり身の栄花を極め、万人恨みを含まば、天道に天下を取り返され、子孫永くほろぶべし、（以下略）。

（粗訳）

天道とは（天地創造の神で、その存在は太陽に例えられ、時にはお天道《てんとう》さまといわれることもある）その姿は目にはみえないが、天地にみちている。天にも「心」がある。その本心は、天下を「太平」にし、万人が安らかに暮らせるようにすることである。だが、天は体をもたない。従って、直接天下を治めることができない。そこで、天下を治められる器量を持った人物を選び、日本の主を定めた。国主が国を預かるということは、天子より天下を預かりたると同じというように「天道」は「天下」を「天子」に預け、天子はさらに天下を「国主」に預け、「国主」はさらに「国王」「郡主」に民衆を預ける。これを幕藩治政にあてれば、「天道」は、まず、天下の民を将軍に預ける。しかし、将軍は全てにおいて民衆を統治することは出来ない。そこで、民衆を分割して大名に預ける。大名領も多いので、さらに大名は郡奉行に預ける。さらに郡奉行は代官に預けるというように、下降していく仕組みになる。

「天下人」というのは、心を誠実にして、身を正し、天下万人が平穏無事に暮らしているかどうかということに尽くすことである。つまり「仁政」を施していくことであり、天下に怨嗟《えんさ》の声が蔓延《まんえん》するようなことがあれば、天下は「天道」に取り戻され、その王朝は滅亡する。天道と仁政はこうした関係にあるという説である。「本佐録」にはこのような教訓が七本書かれている。つまるところ、家臣あっての将軍であり、民あっての幕府であるから、万民を疎かにしては、徳川幕藩体制は存続することはないという儒学の教えそのものである。この儒学思想は、堀田正俊により五代将軍綱吉にも、伝承啓蒙されていく。

一読では判読しづらいかもしれないが、二読すればご理解頂けると思う。

現代社会の組織でも、上下の関係の穏やかならざる組織に繁栄と継続はない。もし、赤穂藩主、浅野内匠頭長矩に天道説を読み聞かせていたら、無謀短慮の殿中の刃傷事件はなかったかもしれない。しかしもしそうなると、忠臣蔵の伝統的、鉄板話は存在しないことになる。

　ここで、本多佐渡守正信の禄高が二万二〇〇〇石と低いことに気付かれた読者はあるだろうか。徳川幕府の初期に、家康から秀忠と将軍職を世襲にして、体制を盤石にした縁の下役の重鎮のわりに禄が悪い。此のことについては、本多佐渡の「中途採用」である過去の経歴と「再雇用」の立場であろうかと同情したが、しかし、実論は違う。正信は自らの立場を十分に理解しており、参謀としての役職を勤めあげ、秀忠を二代将軍にするのが目的であった。家康は大老格の立場に見合う禄を用意したがそれを辞退し、自らの実子、本多正純の禄高にも言及して、人間は権力と金を持てば良くない方向に進む、自分の禄もさることながら、実子正純の禄も今後とも上げることはないと進言した。周囲の羨望で必ず政敵が出来て滅びると具申した。結果、正信は二万二〇〇〇石で終わったが、死後、息子の本多正純は周囲におだてられ、人物以上の石高と言われる十五万五〇〇〇石を与えられたが、謀反の噂をたてられて術中に嵌《は》められ滅びた。一度、退職して見事に帰り咲いた立場が却って、仇とやっかみを招いたのであろう。

もう一つ紹介しなければ、徳川幕藩体制が理解出来ないから用意する。徳川治政には儒学以外に「朱子学」という言葉が頻出する。では儒学と朱子学とどこが違うかというところから入ろう。藤原惺窩から林羅山経由で徳川体制の中に及んだことは説明した。それでは儒学と朱子学はどう違うのか。説明が長くなってしまうから、例によって概略で済ます。儒学も朱子学も中国の南宋学と言われ、朱子学は道学とも言われる。南宋の朱熹《しゅき》という学者が、孔孟思想に飽き足らず儒学から派生して朱子学を著した。日本では新儒学といった呼び方もされている。この流れから日本の儒学者は同時に朱子学者であることが多く、また全く区別しない考え方もある。根源を同一にするという見方であろう。それはそれでよいが、そこには大きな違いがあって別な形で朱子学は徳川政権に参入したと筆者は思うが、専門家の立場でないから楽に読んで欲しい。

儒学も朱子学も神道・仏道の虚学に対して、実学であることは同じである。朱子学は一口に言えば、儒学よりもさらに厳格主義で、その分だけ厳しく結果を求める。朱子学は厳格主義（リゴリズム）であり、自らも周囲の万人も努力次第で聖人になれるという。一〇〇点を取れるはずなのになぜ五〇点しか取れないのかよく考えなさい。取れないのにはそれなりの理由がある。そこを克服すれば更に改善できるから、そこをクローズアップさせるべきというマイナス思考の一面を持つ。この考え方を推進したのが山崎闇斎であるが、闇斎は複数の肩書を持つ。

●山崎闇斎（一六一八～一六八二）、儒学者、思想家、神道家。大和小学、垂加神道説を説く

闇斎は朱熹の根底にある、「一物一理《いちぶついちり》」という考え方に傾倒している。ここは重要なところであるから、前のめりで読まれたい。「ひとつの物には必ずひとつだけ真実の答えがある」からその答えを求めよということである。決して、色々複数を求めるべきではないし、存在もしない。闇斎は自分にも他人にもそのような追求型の生き方を求める。「この精神で上下関係を構築すれば、君主と家臣の組織は最も成果の上がる組織になる」。この理論で門弟を集めた。これを「崎門学派《きもんがくは》」（佐藤直方《さとうなおかた》、浅見絅斎《あさみけいさい》、三宅尚斎《みやけしょうさい》）という。

これに対して、伊藤仁斎《いとうじんさい》（一六二七～一七〇五年）は朱子学の「理」の思想は上位者や強者にとって有利に、下位者や弱者にとっては不利に作用するとして批判した。朱子学で行けばこの「理」を探せない立場のひとには当然、寛容な結果は待ってはいないであろう。読者はこの「一物一理」の考え方に心あたりがあろうか、どうであろう。この物言いは、正に筆者が此の本の序説に書き記した、理系学問の姿勢ではないか。儒学の神髄ともいうべき朱子学に於いて、「理」を究極的に求めようとするのは、決して文系学問に在らざる話ではない。其の求める気概であり、「浅薄に思うところを何でも好きに発言するが宜し」の姿勢では不毛極まりない。理系学問ばかりでなく現在の文系学問にもあってよいものではないかと思うがどうであろう。当然、理系学問の「理」と文系学問の「理」の形は同型ではあるまいが、さりとて緩々のオタク学問が期待されているというのも、先学者の誤解ではないか。朱子学による主従関係の理論は「君、君足らずとも　臣、臣足れ」。君と臣では自ずと立場が違う。臣は臣足るべき勤めをすべしと言うことである。君は時過ぎれば変わることもあるが、家臣の為すべきは決まり事。朱子学の論であるかは知らないが、中国の「史記」から来た話である、「忠臣、二君に仕えず」(戦国時代中国斎の武人)を旨とするものであると武士《もののふ》の心得を説く。

これは君主の器量は家臣の図るところではない、運、不運の事にもなければ宿命ということであろうか。しかし、中国の「春秋左氏伝《しゅんじゅうさしでん》」には「食禽《しょくきん》は木を択《えら》んで棲《す》み、賢臣《けんしん》は主を択《えら》んで事《こと》う」(賢い鳥は実のよくとれる木を選んで住み、同じように賢い家臣は賢い主人を選ぶ)とあり、又、状況によれば、家臣が万民の為に王を討つもやむなしと

「放伐論《ほうばつろん》」を唱える教えがあることは、儒学のところで既にみた。ここが林羅山と堀田正俊の儒学思想は違った。

日本でも高名な「三国志」の諸葛孔明《しょかつこうめい》はその腕を買われて、君主を択び活躍の場を求めた。ここら辺りを見ても、日本の近世史に於ける朱子学は際立つところもあって、本家中国の朱子学とは心情を変え、更に強弁になっていたようなところもみえる。

ここまでくると、もうひとり紹介しなければならない。少しは既に触れたが、それでは足りないから、赤穂浪士たちの心情も読みながら、読者と共に学びたい。

●**山鹿素行**（一六二二〜一六八五）

赤穂藩に直接的、間接的に影響を与えたであろうと思われている儒学者であるがその名は兵法学者として名高い。この学者も肩書が多いお人である。儒学者、兵法学者、武士道論者、復古主義者、和学者で、先駆的主張の論陣を張り続けた。その為、儒学者の立場を追われ江戸市中に在居することを許されず、西国赤穂藩お預かりの身となった。やがて許され江戸に戻るが、兵法学者として西国の多くの藩にて講演した。山鹿素行のこの扱いが、赤穂浪士たちの行動にどんな影響を与えたかはよくわからない。赤穂藩城代家老の大石内蔵助は山鹿素行から兵法学を学んだようだが、武士道に感化されていたかは、筆者に説明できるだけの見識はない。しかし、素行に従学していた以上、影響が全くないということはありえないであろう。大石に次いで、二年後には、藩主浅野内匠頭も山鹿素行の従学者となる。

山鹿素行の素性は会津生まれ。大坂夏の陣後、泰平の世に於ける武士の存在根拠を新たに儒教道徳に求め、そこから武士のあるべき姿を「士道」として、「山鹿語類」の一説に「士道編」を置きその基本思想として、復古主義を捉えている。最初は朱子学に傾倒したが、その形而上主義的な、崎門派の得意とする極端な現実思考よりも、朝廷の皇室権威に尊厳を抱き、復古して「日本国」の本来の立場を知るべきとし、「日本こそ、中華国にふさわしくある」と説く。朱子学の批判論者として、伊藤仁斎や荻生徂徠とも交流を深くしていた。

「武士」は常に民から信頼されるような立場にあるべきで、民より相談されるような修行をしていなくてはならないと教えている。この考え方を浅野内匠頭も修学していたとすれば、やはり内匠頭は軽率、短慮型の藩主であったのか。それとも財政が裕福すぎたのか。「大名評判記」も、人物評価について大きくは外していない。素行はその後、平戸藩の兵法学者として、松浦鎮信《まつうらちんしん》の支援を受ける。素行は、何でも相手を責めまくる朱子学は「儒学が呼び覚ました、ナショナリズム」として徳川幕藩体制に、一言残し憂いたと言われている。何でも相手を理論で責め立てる、儒学、朱子学の傾向は徳川幕府以後の日本の国体と外交姿勢に表れた。それまでは「日本国《にほんこく》源《みなもとの》朝臣《あそん》秀忠《ひでただ》」という呼称（この呼称は徳川は天皇家の臣下であると自認したもの）で対外的には通していたが、「日《に》本国大君《ほんこくたいくん》」として外交の立場を明確にした。これは「日本国」は天皇と将軍の二重構造を決めた、徳川幕藩体制の新しい姿勢と解釈するべきところであろう。隣国よりも大和大国として、上位にあると主張したところから、高圧的な不敗神話の一歩がある。此れより詳しく知りたい読者は「柳川事件」をみれば、より物知り歴史家として、尊敬されるものと期待する。

第二節　翻弄された赤穂の浪士たち。浅野内匠頭殿中刃傷

儒学者たちの就活運動

赤穂の浪士たちは、大江戸八百八町の町民（城下町民）たちの大きな声援を受け、吉

良邸に討ち入り、吉良上野介義央の首級を得て、菩提寺の泉岳寺に凱旋した。夜明け時の火消姿での行進であった。噂を聞きつけた町民の人だかりからは、やんやの喝采を受けた。この大衆の称賛の嵐には、多分に徳川幕閣の思いは釈然としなかったであろう。

浪士たちの処分について、主君の仇討ちはご法度の仕儀であるため、即刻、打ち首とするべき論と、主君の仇を討ったのであるから、武家諸法度にもある、忠義たる武士（この時は既に浪人）の振舞であり、打ち首はすべきでない、褒めてとらし、武勲として希望する藩があれば、再雇用も良いではないかという声もあったと言うが、確かな話ではない。しかし花のお江戸は正に百家争鳴状態である。そこで、著名な儒学者たちが、我こそはとここぞとばかりに声をあげた。その論旨を大別して紹介しよう。

①私怨による根拠なき討ち入り殺害は即、打ち首にすべし。
②主君浅野内匠頭の仇討ちであるから、喧嘩両成敗で許すべし。
③多勢で徒党を組んで押し入るは、盗賊の所業と何ら変わるところなし。市中引き回しのうえ斬首。
④主君の仇を討ち、忠義の臣なれば、当家に仕官させればよい。

などと様々な意見があったが、幕閣は江戸の大衆の意見で将軍の評価を下げるような裁断を下し兼ねていた。その結果、即断はできず浪士たちは、四大名（細川肥後守綱利、松平隠岐守貞直、毛利甲斐守綱元、水野監物忠之）の一時、お預かりの身となって、将軍綱吉の裁断を待った。

綱吉にすれば自ら下した赤穂藩取り潰し、藩主の浅野内匠頭は即日切腹断行の余波がブーメランとなって幕府に帰ってこようとは思わなかったであろう。刃傷事件に対する自らの裁断を悔やんで迷走したと書く本もあるがそれはないであろう。聖人君主を自認する将軍様の反省はあり得ない。それよりも自らの評判を落とすことなく、それどころか流石の名君と呼ばれんがための思案ではなかったかと思うが、読者は如何な感想であろう。後にこの「赤穂義士」たちの処遇に関して、儒学者たちの様々な記述が残るから、『日本思想大系』（岩波書店）の「近世武家思想」から拾い読みをしよう。

林鳳岡《はやしほうこう》　昌平坂学問所、大学頭。幕内きっての論客と言われる立場

林鳳岡による赤穂浪士に対する論評は二度あって、一度目は浪士たちに同情した内容で、非公式なものであったと言われているが、二度目の「復讐論《ふくしゅうろん》」（「近世武家思想」三七二頁）と題した文脈は、だれを意識して書いたのか正論を流している。曰く、「生を盗み恥を忍ぶは、士の道に非ざるなり。法律によりてこれを論ずれば、即ち法を讐《あだ》とする者は必ず誅せらる」とある。ひとの命をとるは、理由の是非は問わず法を破るもので、必ず罰せられるということで全くの正論であるが、鳳岡の大学頭としての職責を全うせんがための意見であろうと腹内をみたくなる。

荻生徂徠　綱吉の側用人　柳沢吉保のお抱え学者

この荻生徂徠の説に綱吉は非常に感心して、そのように裁断したとされているが、定かではない。しかし、最もありそうな話であるから原文を引用してみる。

「四十七士のことを論ず」（「近世武家思想」『日本思想大系　二七』岩波書店、一九七四年、四〇〇頁）

（前略）「それ長矩《ながのり》、義央《よしなか》を殺さんと欲す。義央の長矩を殺せしには非ず。君の仇というべからざるなり。赤穂は義央を殺さんと欲したるによりて国亡ぶ。義央の赤穂を滅ぼせしには非ず。君の仇と謂うふべけんや。長矩一朝の念、その祖先を忘れて、匹夫の勇に従事し、義央を殺さんと好くして能くせず。不義と謂うべきなり。四十七人の者、能くその君の邪志を継ぐというべきなり。義と言うべけんや。然れと雖も、士や生きてはその君を不義より救うこと能わずんば、寧ろ死して以てその君の不義の志を成さん」

（以下略）

平文なれば訳文は省き解説をする。

浅野内匠頭長矩は吉良上野介義央を殺そうとしたのであって、吉良が浅野を殺そうとしたのではない。だから赤穂浪士達は吉良を仇という事ではない。浅野は吉良を殺そうとしたから、藩がなくなった。吉良が赤穂藩を滅ぼした訳ではないから、君の仇と言うべきではない。浅野は御先祖の恩も忘れ、暴挙に及んだが、その結果、吉良は殺せず道理にあわず情けない。四十七士が主君の志を継いだ行為は、道理に合っている。しかし、浪士たちは、生きていては君の失態から逃れることが出来ないから、死んで主君の志を共にさせようといったような文脈である。これは喧嘩両成敗という事とは関係ない考えである。赤穂浪士たちの面目の立つように、打ち首ではなく、浅野内匠頭の墓前で切腹をさせてやるべきが、彼らの意思にそう処理であると言っている。これは処罰ではなく、赤穂の浪士たちが自ら選んだ姿であると結んでいる。

そのまま生かしてやればよいという見立てもあろうが、それでは武家諸法度の法を破った示しが付かないということではないか。何れにしても、現代の感性で良し悪しを考えても行き着くことではない。殿中での刃傷は公法の犯罪で切腹の刑。吉良への仇討ちは私怨の行為で私法の罰であるから、公法の処理が優先しても、何らおかしくはなく、幕府の面目は保たれたということであろうが、これで綱吉の評価が上がったという記録はない。この赤穂事件と浪士たちの処分については、「仮名手本忠臣蔵」の上演で、以後三〇〇年も語られてきたが、赤穂浪士たちの生き様と幕府のありようについて、様々な儒学者たちが、好きに書きあげ、自らの文才を示し、就活にせんとしてまき散らした。

ここでも一つ面白い話がある。神祖と言われる徳川家康が、江戸に幕府を開いたおり、殿中でひとを殺した場合は、切腹という作法を示したとある。浅野は吉良を殺してはいないから、切腹の必要はなかった。幕府の過ちであるという論評をした儒学者も、二人いたから案内をする。

横井也有《よこいやゆう》（一七〇二～一七八三）（「近世武家思想」四二六頁）、尾張藩学者
「野夫談《やふだん》」（田舎者の話の意味）原文は少し難しいが、解説で補うことにする。

「神祖《しんそ》之法《のほう》、殺人於朝者死《ちょうにおいてひとをころすものはし》、赤穂侯之於吉良子《あこうこうおいてはきらこは》、傷之而已《きずのみ》、是其罪宜不死《これそのつみしはよろしからず》、而国家《しかしてこっかより》賜之死《しをたまう》、則其刑過当也《すなわちそのけいかとうなり》」

（釈文）

「神祖《しんそ》の法、朝《ちょう》（殿中）に於いて人を殺すは死、赤穂侯之於いては、吉良氏、之傷のみ、而《しか》して国家より死を賜《たま》う、即ち刑過当也《けいかとうなり》」

太宰春台《だざいしゅんだい》（一六八〇～一七四七）（「近世武家思想」四〇六頁）

「赤穂四十六士論」

伊藤仁斎に傾倒する。荻生徂徠の門下。

「神祖の法、人を朝に殺す者は死なりと。赤穂侯の吉良子におけるは、これを傷つくるのみ。これその罪よろしく死ならざるべし」

筆者が、この二つの文書を掲げた意味の解釈は、どちらも浅野内匠頭の処罰が重すぎると提言していることである。この文書は、絶対的な立場の神祖と呼ばれる「徳川家康」が定めた「殿中法度」にはこのようにあるのに、吉良を殺害していない浅野の処罰が何故にお家断絶、その身は切腹の即決裁断で進行したのかということである。この筆者の思いには異とする反論が多いと思う。しかし、筆者はここを譲る気はない。又、たられば話にあるが、儒学者の誰か一人でも、此の家康の「神祖法」に気がついていれば、ここでも「赤穂義士の武勇伝話」も「仮名手本忠臣蔵」も存在していないだろう。どうしても筆者には疑問点が残る。賛同は頂かなくてもよいから列記してみるが、出来れば最後まで読んで欲しい。

①この横井と太宰の学者が同時に引用しているということは、「神祖法」の存在に疑念はない。

②「神祖法」はあっても、それは殿中作法のひとつであり、殿中作法は時代背景の流れと共に変化する。元禄泰平の世の殿中に於ける刃傷事件であるから、その時代であれば、鯉口《こいくち》（鞘《さや》の口）を抜くだけで切腹というのが、殿中作法であったと語る碩学者の顔が浮かぶ。その説が間違いというつもりはない。

③しかし、その「神祖法」を紹介したり、触れた歴史学者を見たことがない。「横井也有」も「太宰春台」も知らない人の方が多いはず。何故にこのことが問題にされないかということに、疑念が残るのは筆者だけであろうか。読者の皆さんにしっかりと伺

いたい。

④この要素が語られないのは、儒学者たちの「より良い就活」に影響するからであろう。大衆のポピュリズムに迎合した物言いが受けるということへの思いが、先行したのではと管見ながら疑う。そしてこの儒学者、朱子学者の自慢の最強国家「大日本帝国」の疑わしいが「多数説」「国民の総意」として乱用されてきた国家主義への傾倒の結果と疑う。特にこの傾向は明治の文献に多く、新聞の報道が日本中を鼓舞する大役を担ったと断定するが、言い過ぎであろうか。これで日本国は賢者として、「歴史に学んだ」ことになろうかと大きな疑念を持つ。これでは、先行学者たちが、大衆の声に追従しただけではないかと不安になってしまう。これが筆者だけの杞憂であったなら、それは何ら問題ない。

第三節　元禄時代の精神構造

「切腹法」をご存じであろうか。ありそうでもあり、なさそうでもある名前の法度であるが、いつの時代に示された法令かわからない。例によって様々な説が飛び交う。武士の御触れであろうから、喧嘩両成敗法と時期を同じくするようなものであろう。法名からして、武士の主従関係のトラブルの対処関係整理法といったところでないかと思う。出自は鎌倉頼朝政権下ではないか。打ち首は珍しくはないが、切腹は自ら命を絶つということであり、武士《もののふ》としては、処罰の基準が示されないと恐ろしい。筆者は羽柴秀吉が備中高松城の城主、清水宗治《しみずむねはる》に対して和睦をし、家臣の命を助けるならば、切腹もやむなしと交換条件にしたことは、例として聞く話ではある。斬罪としてよく聞かれるようになったのは、戦国後の安定期であろうから、やはり徳川幕府の初期であろう。いみじくも先にみた、家康の殿中作法の処罰のあり方でも、慶長九年（一六〇四）に旗本同志の喧嘩の処理について下したと記録にあるらしい。赤穂事件の浅野内匠頭の切腹についても、例外的な裁断として、別記録に残されているようである。その場での切り捨て、打ち首は珍しくない。切腹という裁定は只、単に命を絶つという事だけでなく、武士社会に於けるひとつの、独占的見解が醸成されてできたものと見るべきであろう。武士が何の言い訳もせず、自らの命を自ら断つという事象の意味合いを武士社会にだけ見つけて、納得させようという、以心伝心の誉れと精神であったこと。切腹して命を絶てばそれ以上の責苦をさせないという、此の社会の暗黙の了解ではないか。これにより事件を解決したものとして、一族郎党のお咎《とが》めなし。一件落着、異存は無しの武士の大見栄切りな解決法ではないかと素人の感想を並べた。この程度の説明で了解を頂きたい。

因みに、公家も町民も切腹という自決手段は持たない。武士社会だけの名誉ある死決作法である。無益な戦はしたくないという本音の武家作法であろう。「赤穂《あこう》の浪士《ろうし》たち」が泉岳寺で切腹した時から、彼らは徒党を組んで、吉良邸に押し入った盗賊浪人の輩から、「赤穂《あこう》の義士《ぎし》」となり、以後、三〇〇年の今日まで日本人の誉れと語られ、「武士《ぶし》の鑑《かがみ》」とされた四十六人の姿である。これは「義」の為に命をかけんとする朱子学の世界感と思うがどうであろう。

他方で、赤穂浪士たちの吉良討ちは、義士でも英雄でもない。実は「就活行動」ということを鋭く非難する儒学者もいたから、紹介しておかねば不十分になるだろう。

佐藤直方（一六五〇～一七一九）、**山崎闇斎の門下三傑のひとり、朱子学者**

物言いは長くて鋭いが、相手を攻撃し批難する姿勢はわかりやすいから、ひと息で行くことにする。

『上野介は赤穂の仇ではない。上野介が内匠頭を害したのなら仇というべきだが、内匠

頭は死刑に処せられたが、それはお上の法に背き犯す罪人だったからだ。（中略）

しかし、彼らは主君をなくし、吉良討ちを致したところは同情する。その結果、泉岳寺で自殺したのならばその志は褒められるべきなれど、彼らの行動をみればそんなものではない。大石を始めとして四十六士が、徒党をなして夜盗の如く押し入り、その足で大目付仙石伯耆守の屋敷門前に押しかけた。そして我らの行動はお上に対して、反旗を翻すものでなく、単に主君の恨みを果たしたのみで、正当な行為であると主張し、そのうえでお上の命令を待ちそれに従うという、開き直りの姿勢はどうだ。これでは神妙な態度を見せて同情を得、死をまぬかれて他藩に仕えようという魂胆があったと疑われるだろう。法を破り、お上に背いたうえは、大目付に届けでる必要もなければ、改めてお上の命をまつこともない。ただ死ねばよいのである。四十六士の仕方は死の覚悟した者のすることではない。彼らは自分たちが浪人せざるを得なくなったことに憤慨して、わが身の可愛さから一計を案出して、吉良を討ったにちがいない。主君への忠義や同情から事を起こしたものでは決してないのである』

筆者はこの佐藤直方の主張に賛同するつもりはないが、さりとて完全否定も出来兼ねる。読者はどうであろう。この時の江戸市中では、「再雇用させよ」の声が多数であったようである。その大衆の声に幕府は即決をためらったというが、それはあくまで外野の盛られた意見であろう。

第四節　日本人と赤穂義士

「武士道とは死ぬこととみつけたり」。この言葉を聞かれたことはあるだろう。日本人が聞いて、大変喜ぶ言葉のひとつである。紹介しよう。

山本常朝《やまもとじょうちょう》（一六五九〜一七一九）、**佐賀鍋島藩士　『葉隠《はがくれ》』の著者**

著書『葉隠』に書かれた、この言葉は意味深く、読むひとによって解釈にかなりの幅があり、深くもあるし、広くもある。武士の覚悟を語る言葉として、様々に解釈を広げている。近年は外国の人たちにも、研究されているようだ。こんな書き出しをするといい加減に聞こえるかもしれないが、多種多様な解釈が許される文系学問の最大の長所であろうと思う。原則は原則として譲れないところはあろうが、ここはやはり哲学であり、答えは著書の心から乖離して、一人歩きをしても何らおかしくはない。新渡戸稲造《にとべいなぞう》がやはり、『武士道《ぶしどう》』（岩波文庫）を説いている。それを簡素にすれば「武士は如何に生きるかと同時に、如何に死すべきかを考える。武士には正しい生き方があるのと同じく、正しい死に方がある。（中略）もしふたつの道があるなら、どちらも同じくらいの可能性で成功するならば、武士はより死せまる可能性の高い方を選ぶ。死ぬ可能性の少ない方を選んで成功しても、それは腰抜けだからである」。こんな解説がされているが、筆者には違和感がある。それは筆者が武士ではないし、武士に会ったことがないから知識も足りないからだ。ここは新渡戸説に従うしかない。読者は独自に読本されたい。

この「武士道」の中身である、武士の忠誠心、忠義について参考になる論文を見たから、現代学者の「儒学」、「朱子学」を絡めた、主従関係の機微について触れてみる。

谷口眞子《たにぐちしんこ》「近世中期の日本における忠義の観念について」、**近世歴史学者**（**早稲田大学教授**）

近年、名君に関する研究が盛んになり、主君が民衆には「仁政」や、大名のブレーンとしての役割を果たした儒学者などの思想が関心を集めていると、その論文で谷口氏は論じている。論中で『武士道』とか『葉隠』を引用されているが、筆者の関心はそこではない。

常に儒学思想に縛られた武士たちは、一方で誉められ他方で叱責をされながらも、常に忠臣でありたいと思いながら、結果的には潔い生き方ではなく、潔い死に方は何かと考えながら修業を重ねてくるのである。これは朱子学のなせる「如何に論陣をはり、相手を責めるか、またそれを防戦するか」という、幕藩体制下の官房学と戦いながら、なまじ平穏な時代の士大夫たちの悩みとなってしまった歴史の必然性であり、筆者はこれに哀れを感じている。筆者は感情的になり過ぎているから谷口氏に戻る。とかく、褒め称えられる「殉死《じゅんし》、敵討《あだうち》、諫言《かんげん》」を取り上げている。ここでは「殉死」を考えてみる。敵討、諫言はすでに触れてきたからよしとする。

「殉死」とは「主の為、六親（親族という範囲の族）、盟友のための、その属する『君《くん》国家郷《かかごう》』のために自ら献じる精神に発するものをもっている」。また、ここから「忠臣は二君に仕えず」の根拠が説かれる。やがて殉死は武士道の華とみなされ、主君や国家のために命を賭して戦うことは愛国心の発露であると理解され、近年もてはやされる傾向にある。この思考は最終的には特攻精神に称揚《しょうよう》されていくことになると、行方を危惧する論調である。「仮名手本忠臣蔵」の大当たりをとったこともあり、義士、忠臣としてのイメージが定着する赤穂事件の研究は江戸期よりも明治の時代に武士道を語る手本として深く研究され盛り上がった。この歴史考察には全く異論はない。

話を江戸に戻そう。江戸時代に殉死した人数は二〇〇人を超えるという。代表的なものは伊達家、鍋島家、島津家の家臣たちである。名誉のある「武士の殉死」は当然、有能な重臣であったと惜しまれる評価を受けている。

五代将軍徳川綱吉が、幕府としては初めて武家諸法度に成文化して「殉死」を厳禁した。

それまでも、殉死という慣習を否定する人は多かったが、正面から幕府に具申するものは居なかった。この具申をしたのは、水戸藩主の水戸光圀であったと「甲子夜話」の二十一巻にある。高名な歴史学者である山本博文氏が、「殉死とは主君と男色の関係にある者、主君に声を掛けられただけで感激した『かぶき者』的性格をもったものである」と述べている。五代綱吉の没時に誰か殉死をしたか、また寵愛を一身にあつめていた柳沢吉保はどうであろう。後追い殉死はしていない。綱吉は非業の最後を迎えたわけではないから当然かもしれないが、殉死として連座する程のファンがいなかったのではないか。これは筆者と戸田茂睡の勝手なる邪推でしかない。ところで赤穂の浪士たちは殉死という評価はされないのか。なぜか全くされていない。殉死ならば、吉良討ちせずに、ただ平穏に自決すればよかったかもしれない。やはり赤穂の浪士たちは「義士」という褒め言葉が欲しかったのではないか。切腹という最高の華場所が与えられたことで、赤穂浪士たちよりも大江戸の一〇〇万町民が涙し、喜んだのではないか。そして以後三〇〇年、日本人の年末歳時記のネタとなっている。

殉死は近代でこそ武士道の華とされているが、江戸時代の為政者や儒者にとっては価値ある行動とみられていなかった。「死ぬ覚悟」で奉公することは認めつつも主君に対する忠義とは、その覚悟で次の主君に仕え御家を盛り立てその役に立つことと考えていた。儒学の思想も山崎闇斎の朱子学から荻生徂徠により、復古されていたとみる。前述した中国の「春秋左氏伝」にある教訓を再び引用する。「食禽は木を択んで棲み、賢臣は主を択んで事う」。賢い忠臣というのは、自分が尊敬できる良い上司を選んで事に及ぶという忠誠の形を修正している歴史がある。人間の感性は常に振り子の振り幅の中庸に安定感を期待する知性のある生物ではないであろうかと安堵もする。

「葉隠」や「忠臣蔵」も近代の政治空間の中で、書かれた時代ではなく読まれる時代の文脈で理解され、主君一途の忠君愛国精神の発展として受容されていく。明治期以降の史観ではなく、彼らが生きた時代の政治的・社会的空間で、どのように忠義が議論されていたのか、今後も考察が必要であろうと結ぶ、谷口氏の説に説得された心地がする。

ここらあたりを読者の皆さんと共通認識として、「赤穂事件」を捉えたいがご賛意を頂きたい。ここに多数の儒学者たちが赤穂の四十六士の評価をした論書があるから参考にされたい。

＊印が「赤穂義士」の応援学者で、×印が不賛意学者とみる。

＊林　鳳岡「復讐論」　一七〇三年
＊室　鳩巣「赤穂義人録」　一七〇三年
×佐藤直方「四十六人之筆記」　一七〇五年
×荻生徂徠「論四十七士之事」　一七〇五年
＊浅見絅斎「四十六士論」　一七〇六年
＊三宅観欄「烈士報讐録」　一七一三年
＊三宅尚斎「重固問目」　一七一八年

×太宰春台「赤穂四十六士論」　一七三一年
＊松宮観山「読四十六士論」　一七〇三年
＊五井蘭州「駁太宰純赤穂四十六士論」　一七三〇年
×伊奈忠賢「四十六士論」　一七三〇年
＊河口静斎「四十七士論」　一七四四年
×野村公台「大石良雄復君讐論」　一七四五年
（一七四五年　ここで「仮名手本忠臣蔵」が出版される）
＊横井也有「野夫談」　一七六三年
＊伊勢貞丈「浅野家忠臣」　作成年不明
＊山本北三「義士雪冤」　一七七五年
＊佐久間太華「断復讐論」　一七八三年
＊赤松滄洲「太宰徳夫赤穂四十六士論評」　作成年不明
＊平山兵原「赤穂義士報讐論」　一七九〇年
×牧野直友「大石論七章」　作成年不明
×伊良子大洲「四十六士論」　作成年不明

＊沢　熊山「赤穂義士論」　一八三九年？

これらの論書はすべて、四十六士の死後交わされている理論である。学者の常であろうが大衆に迎合した内容になりがちという傾向も聞くが、筆者は殆ど解説できない。

「吉良邸に討ち入りした赤穂義士たち」

「表門組」

①大石内蔵助《おおいしくらのすけ》　四十四歳
②原惣右衛門《はらそうえもん》　五十五歳
③間瀬久太夫《ませきゅうたゆう》　六十二歳
④堀部弥兵衛《ほりべやへえ》　六十七歳
⑤村松喜兵衛《むらまつきへえ》　六十一歳
⑥岡野金衛門《おかのきんえもん》　二十三歳
⑦横川勘平《よこかわかんぺい》　三十六歳
⑧貝賀弥左衛門《かいがやざえもん》　五十三歳

「裏門組」

①大石主税《おおいしちから》　十五歳
②吉田忠左衛門《よしだちゅうざえもん》　六十二歳
③小野寺十内《おのでらじゅうない》　六十歳
④潮田又之丞《うしおだまたのじょう》　三十四歳
⑤前原伊助《まえばらいすけ》　三十九歳
⑥杉野十平治《すぎのじゅうへいじ》　二十七歳
⑦赤埴源蔵《あかばねげんぞう》　三十四歳
⑧倉橋伝助《くらはしでんすけ》　三十三歳

⑨　片岡源五右衛門《かたおかげんごえもん》　三十六歳
⑩　富森助右衛門《とみもりすけえもん》　三十三歳
⑪　武林唯七《たけばやしただしち》　三十二歳
⑫　早水藤左衛門《はやみとうさえもん》　三十九歳
⑬　神崎与五郎《かんざきよごろう》　三十七歳
⑭　矢頭右衛門七《やとうえもしち》　十七歳
⑮　奥田孫太夫《おくだまごだゆう》　五十六歳
⑯　矢田五郎右衛門《やだごろうえもん》　二十八歳
⑰　勝田新左衛門《かつだしんざえもん》　二十三歳
⑱　大高源五《おおたかげんご》　三十一歳
⑲　近松勘六《ちかまつかんろく》　三十三歳
⑳　間十次郎《はざまじゅうじろう》　二十五歳
㉑　吉田沢右衛門《よしださわえもん》　二十八歳
㉒　岡嶋八十右衛門《おかじまやそえもん》　三十七歳
㉓　小野寺幸右衛門《おのでらこうえもん》　二十七歳

⑨　中村勘助《なかむらかんすけ》　四十八歳
⑩　奥田定右衛門《おくださだえもん》　二十五歳
⑪　間瀬孫九郎《ませまごくろう》　二十二歳
⑫　千馬三郎兵衛《ちばさぶろうべえ》　五十歳
⑬　間喜兵衛《はざまきへえ》　六十八歳
⑭　木村岡右衛門《きむらおかえもん》　四十五歳
⑮　不破数右衛門《ふわかずえもん》　三十三歳
⑯　磯貝十郎左衛門《いそがいじゅうろうさえもん》　二十四歳
⑰　堀部安兵衛《ほりべやすべえ》　三十三歳
⑱　大石瀬左衛門《おおいしせさえもん》　二十六歳
⑲　菅谷半之丞《すがやはんのじょう》　四十三歳
⑳　村松三太夫《むらまつさんだゆう》　二十六歳
㉑　三村次郎左衛門《みむらじろうざえもん》　三十六歳
㉒　間新六《はざましんろく》　二十三歳
㉓　茅野和助《かやのわすけ》　三十六歳

㉔　寺坂吉右衛門《てらさかきちえもん》　三十八歳
（泉岳寺で切腹はせず）

以上、赤穂四十七士

終章　おわりに

あとがき

「聖徳太子」という呼称を復活させた教科書になるという文科省の発言があった。その声に対して、教育の現場が反対している。義務教育の内容が混乱するので、指導が出来ないという教育現場の意見は当然であろう。これについて、ある高名な学者はその部分は受験問題の対象にはならないから混乱はしないと言った。この発言が日本歴史学の全て、実態を表している。受験の対象科目以外の学問の目的は皆無。ここらあたりが「彷徨《さまよ》える日本史」の姿そのものである。

最近、徳川綱吉の評価が変わってきているという声をよく聞く。今日までの評価は曰く、「暴君」「小心将軍」「何でも口を挟む我まま将軍」など、決して良くはない。そして具体的な政策についても「仁政《じんせい》」を詠《うた》いながらも悪評高い「生類憐みの令」、極端な「倹約令」、そして極め付けは「赤穂事件」の即断裁決。それが近年、綱吉は意外と「名君」。「生類憐みの令」は大変に誤解されているとして、その御触書の趣旨が事細かに紹介されている文献を目にする。軽率にこの「御触書」を批判してはいけないとしたり顔でいう。しかも平然とテレビに出演している。どこの小学生や中学生が徳川五代将軍綱吉発令の「生類憐みの令」を独自に解釈することがあろうか。全て教壇で教える教師から聞く以外に方法があるはずがない。また教室以外で学習をして知識を得たとしたならば、それはそれで教師と教科書が全く信用されていないという証左である。これは一体どうしたことであろう。これらの歴史的「鉄板事項」の見識が変わる程の文献か、古文書の解読があって、学会が態度を修正しなければならないことでもあったのであろうか。学術本の見解の変更でなければ、それは珍しいことではない。逆説も又ひとつの見識であろう。ところが学会の一流学者が今まであった既存文書の評価を変えている。それはどういうことか。新しい解釈に至ったと言えば聞こえはいいが、それは単にそこに思いが至らなかっただけではないかと、その姿勢に懸念を感じる。誰かが発言を封じることがあり得るのか。聖徳太子が実在の人物でない可能性は筆者の知る限りでは一九五〇年ころから言われてきたように思う。

いつの間にか聖徳太子は「一万円札」から消えた。ならば何故に日本を代表するかの如き「一万円」の顔に如何ほどの根拠があって採用したのか疑問である。実在しなくても、それなりの意味があるとして採用したのであったのならば、そのまま継続すればよいのではないか。それとも単に流行の思い付きの為せる行動であるのか。ならば、今日、もっとも最適なキャラクターならば、早くから今日の未来を予測した手塚治虫氏の「鉄腕アトム」のフィギュアの絵姿が最適ではないか。

こんな対応が疑問でなければ、「足利高《あしかがたか》（尊）氏《うじ》」の馬上の肖像画が、実は高（尊）氏の執事である「高師直《こうのもろなお》」であったとかいう歴史的案件も、実《まこと》しやかに語られてくるが何が事実かわからない。これを歴史のミステリーとか言って喜ぶ人もいるが、それは学識レベルではない。

これが、いつ誰の意見で変化するのか。同じ文献が一〇〇年を超えて解読されない、こんな学会の立場と学識経験者の意見を明確にして、没後も誰がどこまで継承すべきか、明確にすべきではないかと思う。こんな事象は調べれば沢山あるのではないか。公表されれば在野のコレクターが優れた理論を展開するかもしれない。残された古文書の半分も解読されれば、もっと違った事実が発見される可能性は幾らでもある。学者の活動職域が更に広がり、俄《にわか》なタレント活動などやめてもよいのではないかと思う。

「徳川実紀」という史料がある。有名であるし、その史料の冊数も多い。素人ながら、当然一級史料と思っていたら豈《あに》はからん哉《や》、この「徳川実紀」は江戸末期の幕末近くに編纂されたものであって、徳川幕府にとって不都合なことは明確にされていないから、一級史料とは言わないとする学者が多数であるらしい。ならば、聖徳太子はどうなのか。二転三転もして教科書に載せる意味は何処にあるということか、筆者にはしっくりこない。歴史文献上どう解釈して、確定させたのか全く納得できない。教科書に採用されたその裏から、「あれは事実ではない」という先行歴史学者を自認する者の声が聞こえてきそうである。当然、文系学問のよいところでどんな意見もそれなりに尊重されるべきで、答えはひとつではない。角度を変えてみれば又、違った見方がある。一見正論のように聞こえる論理ではあるが、それでは余計に、不安な印象を抱くだけではないかと懸念する。

田沼意次も悪評が高い。いや、悪かったと過去形で言うべきである。彼は賄賂、袖の下をあからさまに要求した常習犯の老中であると教えられた。それがいつの間にか経済政策通の幕閣で、デフレ政策を実践する先の読めた重臣であるという見識が常識らしい。それは裏付けがあればそれでよい。これが正しい学会の見識として共有されているものであれば何ら問題はない。まさか、池波正太郎のドラマが大受けしたから、書かれた歴史話であり、『鬼平犯科帳』が好評でブームにのったから、大衆文化に迎合したのであったら、それは出版社に煽られた学者もどきでしかない。この大衆迎合志向は学者の俯瞰力にかこつけた盲点である。売れなければ日々が過ごせない。近世時代の初期に、他学に遅れまいと徳川幕府に取り入った儒学者たちの就活運動と大差ない。誰の責任とは言わないが、間違いなく歴史学会は歴史学の普及に対して貢献度が充分ではない。言い方が不遜であるとは思うが、この少ない機会に言及したい。何が歴史学の進行を阻んでいるのか考えないと、掛け声だけでは他の学問と乖離するばかりではないかと思う。文科省発言を否定できない緩い学問でしかない。

今、伊藤若冲《いとうじゃくちゅう》の絵画が世界的に熱い評価を集めている。若冲絵画の筆先を電子解析して、その卓越した感性を世界に紹介したのは、米国の美術収集家であるジョー・プライス氏である。

歴史上の人物に直接謁見できれば解析が早いという人もいるであろうが、直接面談できるなら、歴史学者は不要になろう。それを正論として言えば語るに落ちることになる。日本史の教科書には真実は何も書かれていないと言って憚らないお人は洒落では済まない。即刻、退場して頂きたい。

文系学問の最もよいところは誰でもそれなりの見識で自由に参加できることであり、見る角度によって異なるものとなる。そして、その意見は等しく尊重されるべきだと言われるが、果たしてそれは正しいものであろうか。どの時代においても学者は自分の考えしか信じていない。近世の学問である儒学・朱子学の林羅山をはじめとする学者たちは皆、相手を論破しようと論陣を張る。それが仕事であり、生きる道である。対抗する相手の理論を認めた時は、既に「相手の理論」になり、宗旨替えをしていると言うことである。学者は二論を用意して論陣を張れるものではない。学問はすべて「一物一理」の探求にある。文系学問の良さは、どの立場にいようとも振り子の振り幅の中庸に立てると言う事である。多数の意見を聴き、その良きところを自由に選択できるところではないかと思う。ブラック&ホワイトの理論がある。一般に平均的な人格であれば、人を殺すことはよくないことは誰でもわかる規範であろう。然し、状況が変われば説明だけでは理解できない事件もある。でも「善」と「悪」の判断の基準は共有できること。いずれがブラックでどれがホワイトかという判定が出来るようになるための教養学問が文系学問の姿ではないか。そこを時代の流れと歴史の流れに学んで我々は「賢者」になり、「愚者」にならないように後世を導くのが先人の役割と学問の力だと思う。

今回の赤穂事件の調査で福岡県立図書館と各方面の大学、公立図書館、国会図書館には、多大なご尽力を戴きましたことに、厚く御礼を申し上げます。

赤穂事件を借りて、色々と書き終えられるまでに時間が掛かってしまったが、幻冬舎ルネッサンス新社の矢口編集長と担当の石坂氏に度々の声援を戴き、ここまで漕ぎ着けられたことに深く感謝と御礼を申し上げます。

読者の皆さんには長いお付き合いを頂きましたことに、御礼を申し上げます。

最後に大石内蔵助以下四十七名の心情を語り、日本の歴史に参加されんことをご期待します。

参考文献、著書名（あいうえお順）

著書名	著作者名	出版社	発行年月日
あ〜お行			
赤穂浪士《あこうろうし》　紡《つむ》ぎ出《だ》される「忠臣蔵《ちゅうしんぐら》」	宮澤誠一《みやざわせいいち》	三省堂	1992年9月
赤穂四十六士論《あこうしじゅうろくしろん》　幕藩体制《ばくはんたいせい》の精神構造《せいしんこうぞう》	田原嗣朗《たはらつぐお》	吉川弘文館	1971年1月20日
赤穂義士実纂《あこうぎしじつさん》	斎藤茂《さいとうしげる》	中央義士会事務局	1975年
江戸城《えどじょう》を読《よ》む	深井雅海《ふかいまさうみ》	原書房	2003年10月30日
易水連袂録《えきすいれんべいろく》（全《ぜん》）	斎藤茂《さいとうしげる》　耕註《こうちゅう》	堀田文庫	1974年4月19日
江戸幕府《えどばくふ》と儒学者《じゅがくしゃ》─林羅山《はやしらざん》、鵞峰《がほう》、鳳岡三代《ほうこうさんだい》の闘《たたか》い	揖斐高《いびたかし》	中公新書	2014年6月25日
江戸《えど》の朱子学《しゅしがく》	土田健次郎《つちだけんじろう》	筑摩選書	2014年1月15日
御触書寛保集成《おふれがきかんぽうしゅうせい》	高柳真三《たかやなぎしんぞう》　石井良助《いしいりょうすけ》　編《へん》	岩波書店刊行	1958年
荻生徂徠《おぎゅうそらい》「政談《せいだん》」	尾藤正英《びとうまさひで》	講談社学術文庫	2013年1月11日
か〜こ行			
甲子夜話《かっしやわ》	松浦静山《まつらせいざん》	平凡社	1977年4月
梶原氏筆記《かじわらしふでき》　赤穂義人纂書《あこうぎじんさんしょ》　第二巻《だいにかん》	鍋田晶山《なべたしょうざん》	日本シェル出版	1975年7月
梶川氏日記《かじかわしにっき》（写本古文書《しゃほんこもんじょ》）	梶川与惣兵衛《かじかわよそべえ》		和古書不明
勘定奉行《かんじょうぶぎょう》　荻原重秀《おぎわらしげひで》の生涯《しょうがい》　新井白石《あらいはくせき》が嫉妬《しっと》した経《けい》済官僚《ざいかんりょう》	村井淳史《むらいあつし》	集英社新書	2012年7月16日
近世中期《きんせいちゅうき》の日本《にほん》における忠義《ちゅうぎ》の観念《かんねん》について　論文	谷口眞子《たにぐちしんこ》		2012年10月21日
近世日本社会《きんせいにほんしゃかい》と宋学《そうがく》	渡辺浩《わたなべひろし》	東京大学出版会	2010年2月25日
近世銀座《きんせいぎんざ》の研究《けんきゅう》	田谷博吉《たやひろきち》	吉川弘文館刊行	古書1963年

参考文献、著書名

近世武家思想《きんせいぶけしそう》　日本思想大系《にほんしそうたいけい》　二十七《にじゅうなな》	石井紫朗《いしいしろう》	岩波書店刊行	１９７０―１９８２年
「栗崎道有記録《くりさきどうゆうきろく》」『忠臣蔵第三巻《ちゅうしんぐらだいさんかん》』所収《しょしゅう》	八木哲浩《やぎてつひろ》　編《へん》	赤穂市　発行	古文書不明
喧嘩両成敗法《けんかりょうせいばいほう》　日本思想大系《にほんしそうたいけい》　二十一《にじゅういち》	石井進《いしいすすむ》　他《ほか》	岩波書店	１９７４年
江赤見聞記《こうせきけんもんき》　赤穂義人纂書補遺《あこうぎじんさんしょほい》　巻《まき》の一《いち》、二《に》、三《さん》	赤穂文化振興財団《あこうぶんかしんこうざいだん》	日本シェル出版	１９７５年７月
国史大辞典《こくしだいじてん》　御当代記《ごとうだいき》　将軍綱吉《しょうぐんつなよし》の時代《じだい》	戸田茂睡《とだもすい》	平凡社	１９９６年11月11日
これが本当《ほんとう》の「忠臣蔵《ちゅうしんぐら》」赤穂浪士《あこうろうし》討《う》ち入《い》り事件《じけん》の真相《しんそう》	山本博文《やまもとひろふみ》	小学館新書	２０１２年４月７日
さ～そ行			
士道《しどう》（山鹿語類《やまがごるい》）二十一《にじゅういち》	山鹿素行《やまがそこう》	国書刊行会	古書１９１１年
儒学殺人事件《じゅがくさつじんじけん》　堀田正俊《ほったまさとし》と徳川綱吉《とくがわつなよし》	小川和也《おがわかずや》	講談社	２０１４年４月25日
将軍《しょうぐん》と側用人《そばようにん》の政治《せいじ》	大石慎三郎《おおいししんざぶろう》	講談社	１９９５年６月20日
すぐそこの江戸《えど》	稲垣史生《いながきふみお》	大和書房	１８９７年５月
正史《せいし》　赤穂義士《あこうぎし》	渡辺世祐《わたなべよすけ》	光和堂	１９７１年１月10日
沾徳随筆《せんとくずいひつ》	水間沾徳《みずませんとく》　綿屋文庫《わたやぶんこ》　編《へん》	臨川書店	１９８０―１９８３年
た～と行			
伊達吉田村豊公伝《だてよしだむらとよこうでん》	吉田町教育委員会《よしだちょうきょういくいいんかい》	愛媛県吉田町	
忠臣蔵《ちゅうしんぐら》―赤穂事件《あこうじけん》、史実《しじつ》の肉声《にくせい》	野口武彦《のぐちたけひこ》	ちくま新書	１９９５年１月10日
徳川将軍側近《とくがわしょうぐんそっきん》の研究《けんきゅう》	福留真紀《ふくどめまき》	校倉書房	２００６年６月
徳川綱吉《とくがわつなよし》―犬《いぬ》を愛護《あいご》した江戸幕府五代将軍《えどばくふごだいしょうぐん》	福田千鶴《ふくだちづる》	山川出版	２０１０年７月20日
土芥寇讎記《どかいこうしゅうき》	金井圓《かないまどか》　校注《こうちゅう》　作者不明	人物往来社	１９８５年１月
殿様《とのさま》の通信簿《つうしんぼ》	磯田道史《いそだみちふみ》	新潮社	２００８年８月30日

な～の行			
日本仇討《にほんあだう》ち１００選《せん》（切腹法《せっぷくほう》、仇討《あだう》ち）	稲垣史生《いながきふみお》	秋田書店	１９７６年
日本近世人名辞典　日本史年表	竹内誠《たけうちまこと》、深井雅海《ふかいまさうみ》	吉川弘文館	２００５年
は～ほ行			
藤原惺窩《ふじわらせいか》、林羅山《はやしらざん》　日本思想大系《にほんしそうたいけい》　二十八《にじゅうはち》	石田一良《いしだかずよし》	岩波書店	１９７０－１９８２年
「破提宇子《はでうす》」日本思想大系《にほんしそうたいけい》　二十五《にじゅうご》	海老沢有道《えびさわありみち》	岩波書店	１９７０－１９８２年
「本佐録《ほんさろく》」日本思想大系《にほんしそうたいけい》　二十八《にじゅうはち》	石田一良《いしだかずよし》、金谷治《かなやおさむ》	岩波書店	１９７０－１９８２年
ま～も行			
室鳩巣《むろきゅうそう》『赤穂義人録《あこうぎじんろく》』論《ろん》　その微意《びい》と対外意識《たいがいいしき》『近世日本の歴史叙述と対外意識』所収	川平敏文《かわひらとしふみ》	勉誠出版	２０１６年１月某日
ら～ん行			
楽只堂年録《らくしどうねんろく》　第三巻《だいさんかん》	荻生徂徠《おぎゅうそらい》　他高弟《ほかこうてい》	八木書店	２０１１年７月25日
柳澤家秘蔵實記《やなぎさわけひぞうじっき》　第三巻《だいさんかん》	甲斐叢書刊行會《かいそうしょかんこうかい》	甲斐叢書	１９７４年
柳澤吉保側室《やなぎさわよしやすそくしつ》の日記《にっき》―松蔭日記《まつかげにっき》	増渕勝一《ますぶちかついち》	国研出版	１９９２年２月１日
隆光僧正日記《りゅうこうそうじょうにっき》　第三巻《だいさんかん》	林亮勝《はやしりょうしょう》	続群書類従完成會	１９７０年
よみがえる江戸城《えどじょう》	平井聖《ひらいきよし》、小粥祐子《おがいまさこ》	ＮＨＫ出版	２０１４年９月25日
大和小学《やまとしょうがく》　仁説問答《じんせつもんどう》	山崎闇斎《やまざきあんさい》	日本図書センター	１９７９年

その胸中を誰や知る
高野山奥の院に静居する第三代藩主浅野内匠頭の墓碑

（九州大学大学院人文科学研究院拝領の写真）

〈著者紹介〉
源田京一（げんだ きょういち）
1946年生まれ。名城大学法学部卒業。1968 ～ 2006年大塚ホールディングスのグループ会社に在職。
近世江戸学研究家。退職後、九州大学文学部で近世江戸学を12年間聴講中。現在、72歳で農業を主として営む。

編集協力　インパクト

〔改訂版《かいていばん》〕翻弄《ほんろう》される赤穂《あこう》の浪士《ろうし》たち
彷徨《さまよ》える日本史《にほんし》

2018年12月20日　第１刷発行

著　者　源田京一
発行人　久保田貴幸

発行元　株式会社 幻冬舎メディアコンサルティング
〒151-0051　東京都渋谷区千駄ヶ谷4-9-7
電話　03-5411-6440（編集）

発売元　株式会社 幻冬舎
〒151-0051　東京都渋谷区千駄ヶ谷4-9-7
電話　03-5411-6222（営業）

印刷・製本　シナジーコミュニケーションズ株式会社
装　丁　プッシュ

検印廃止

ISBN 978-4-344-92014-9　C0021
幻冬舎メディアコンサルティングHP
http://www.gentosha-mc.com/